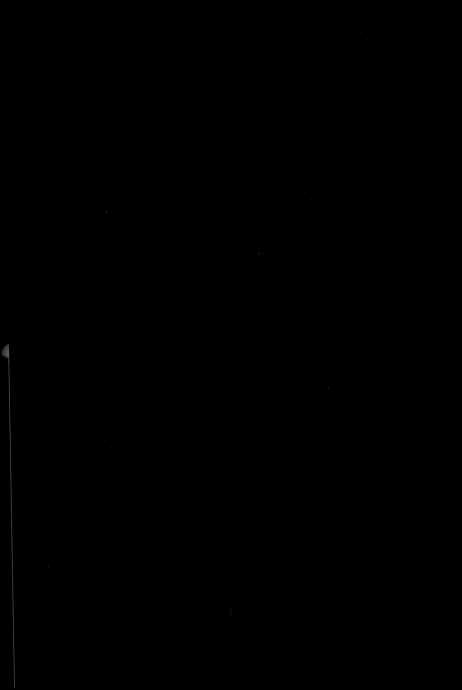

イベントの教科書

guide to experience produce

エクスペリエンスプロデューサーが書いた

博報堂プロダクツ
中島康博

「体験」の「カタチ」をつくる
超実践的思考法

宣伝会議

はじめに

はじめまして。著者の中島康博です。最初に少し自己紹介をさせていただきます。

私は、博報堂プロダクツのイベント・スペースプロモーション事業本部に所属するエグゼクティブ・エクスペリエンスプロデューサーです。博報堂に入社してから、30年以上にわたり一貫してイベントと空間の専門セクションで働いてきました。

イベント業界に長く関わってきたので、時代の変化に合わせて、イベントの形態や役割が大きく変わるのを目の当たりにしてきました。近年ではリアルなイベントだけではなく、バーチャルや、リアルとバーチャルを融合させたイベントも多くなり、また、役割もプロモーションメディアの一つとしての位置付けからブランド体験そのものへと変わり、その重要性も増してきました。そして、その時代の変化の中で、私の肩書もイベントプロデューサーからエクスペリエンスプロデューサーに変わりました。

私が担当してきた業務は、販促イベントや企業催事、展示会からショールーム、店舗、さらには商業施設開発まで、多岐にわたります。国内外を問わず、フィジカルもバーチャルも、どちらも経験してきました。そのような中で、常に考え続けてきたのは、さまざまに異なる環境の中で、どうすれば「感動体験」（心を動かす体験）を提供できるのかということでした。

私の仕事に対するモットーは、「企画・制作：運営・演出＝50％：50％」です。イベントの成功は、企画のアイデアやデザインの良さだけでは成り立ちません。現場での運営や進行がスムーズで、参加者が安心して体験に没入できることも重要です。アイデアを具現化する企画から制作の段階と、それを現場で実施する運営や演出の段階が、それぞれ50％ずつの割合でイベントの成否を左右すると考えています。

私は、常に現場に足を運び、チームと共に準備を進め、イベント当日には参加者の反応を間近で見届けることに大きな価値を感じています。現場に立ってこそ、企画の段階で想定していたことがどう実現されるのか、参加者がどう反応するのかを知ることができるからです。そして、そういった経験が次の企画を練り上げるためのヒントになると考えています。そういう意味では、広告会社では少し珍しい（？）「現場主義」のエクスペリエンスプロデューサーです。

本書を書いた理由

私がこの本を書いた理由は「エクスペリエンスプロデューサー」という仕事を知ってほしいと考えたからです。

そもそも「エクスペリエンスプロデューサー」ってかなりわかりにくい言葉ですよね？「エクスペリエンス」と「プロデューサー」という2つの知っているようで知らない言葉でできているので当然です。

「エクスペリエンス」は日本語では「体験」とも「経験」とも訳せます。しかし「体験」は「現場」寄り、「経験」は「記憶」寄りの言葉であり、この点で言うと私たちが扱うのは「体験」で、かつその結果としての「記憶」までも想定していることを考えると「体験→経験」とでも表現するのが正しいものです。

一方、「プロデューサー」は「ビジネスとしての責任者」です。よく対比される「ディレクター」が「作品としての責任者」だとすれば、「プロデューサー」は予算も企画も成果にも(もちろん作品にも)責任を負う立場であり、クライアントに対して責任を負う立場です。

そのような認識から、私は「エクスペリエンスプロデューサー」を「感動体験(心を動かす体験)」の「総合演出家」であり、「感動体験施策(感動体験を提供する活動)」の「プロジェクトマネージャー」であると考えています。つまり、私たちは「体験」そのものが、より効果的になるよう総合演出する役割と、その「プロジェクト」全体をより効果的なものにするようにマネジメントする役割を果たすと考えているのです。

私たち博報堂プロダクツのイベント・スペースプロモーション事業本部は「体験のカタチをつくるプロ」を標榜しています。私は、ここでいう体験の「カタチ」には4つの要素があり、それぞれが「カタチ」と読む異なる漢字=「形」「容」「状」「象」で表現できると考えています。この4つの要素は、体験を構成する重要な要素であり、イベントや空間プロデュースはもちろん、オンライン施策にも、サービスや業態の開発にも適用できます。

まず「形」は、「形式」の「形」で「外枠」を意味します。イベントにおいては「企画」に該当し、体験の「骨格」をつくる段階です。次に「容」は、「内容」の「容」で「中身」です。これはイベントにおいては「制作」にあたり、体験の「対象」をつくる段階です。そして「状」は「状況」の「状」で「あり様」です。これはイベントにおいては「運営」に該当し、参加者の動きや反応に合わせて対象を「作用」させます。

そして最後に「象」ですが、これは「印象」の「象」で「しるし」を意味します。参加者の心をどのように動かすか、あるいはプロジェクト全体をどのように推進して成果を上げるか、つまり「演出」と「マネジメント」に該当します。この「演出」と「マネジメント」はイベントにおいては、「企画」「制作」「運営」とすべての段階に関わる重要な要素です。なぜなら、体験とは「相互作用」だからです。「相互作用」とは参加者と主催者が相互に影響を与え合って変化をすることです。企画段階でのアイデアが優れていて、制作段階でのクオリティが高くても、それを運営段階で参加者に対して有効に機能させ、主催者側にも適切にフィードバックをしなければ体験としては不完全なものになってしまいます。だからこそ、企画から運営まで一貫した、演出やマネジメントの視点が必要であると考えています。

エクスペリエンスプロデューサーは、「体験」を演出する「総合演出家」であると同時に「プロジェクト」をマネジメントする「プロジェクトマネージャー」でもあります。この2つの視点を兼ね備えることで、「感動体験（心を動かす体験）」そのものと「感動体験施策（感動体験を提供する活動）」全体をつくり上げることができるのです。

私はエクスペリエンスプロデューサーの仕事を「人が人と人でつくる」仕事と表現しています。強調したいのは3つ目の「人で」という部分で、最終的な成果物がキャストやスタッフなどの「人で」できているということです。エクスペリエンスプロデューサーの仕事には、多くの人と協力し、時に困難な調整を行いながらも、最終的には参加者が心から楽しみ、心を動かす体験をし、忘れられない経験として持ち帰っていただけるという醍醐味があります。この本を通じて、皆さんにエクスペリエンスプロデューサーの仕事の魅力や奥深さを知っていただきたいと思っています。

本書の構成について

本書は「基礎編」「応用編」「実践編」の3つのパートで構成されています。それぞれを段階的に進んでいくことで、エクスペリエンスプロデューサーの思考法や技術をしっかりと理解していただくのと同時に、それぞれ興味のあるパートだけをご覧いただいてもお役に立てる構成にしています。

まず「基礎編」ですが、ここでは「エクスペリエンス」とは何か？「コンセプト」とは何か？「ストーリー」とは何か？という前提となる概念の理解から始めて、エクスペリエンスプロデューサーの2つの視点、「総合演出」と「プロジェクトマネジメント」について解説していきます。「総合演出」の視点では、演出の対象となる5つの要素（時間・空間・ソフト・ハード・人）について、「プロジェクトマネジメント」の視点では、マネジメントの対象となる5つの要素（組織・工程・情報・予算・成果）について説明します。この「基礎編」を通じて、エクスペリエンスプロデュースの基盤となる概念と基本的な考え方を理解していただくことを目指しています。

続いて「応用編」では、エクスペリエンスプロデューサーの実務に迫ります。エクスペリエンス領域の、特にイベント業務を想定した「企画」「制作」「運営」の3段階に区分し、「総合演出」の視点では、演出の対象となる5つの要素（時間・空間・ソフト・ハード・人）を「企画書」や「構成台本」「運営マニュアル」「実施設計図」などの実務書類を通じて定めていく考え方を、「プロジェクトマネジメント」の視点では、マネジメントの対象となる5つの要素（組織・工程・情報・予算・成果）を管理していく具体的な方法論を説明します。この「応用編」では、エクスペリエンスプロデューサーの具体的な業務内容とその思考法を理解していただくことを目指しています。

そして「実践編」では、プロジェクトの開始から終了までの流れの中で必要となるエクスペリエンスプロデューサーの技術について、実際の実務の流れに沿って解説していきます。クライアントからの「オリエンテーション」に始まり、「報告会」で完了するまでの一連の一般的なプロジェクトの流れの中で、エクスペリエンスプロデューサーが何を考え、何をしているのか、「基礎編」「応用編」で取り上げきれなかった実践的なテクニックや、現場で役立つ具体的なノウハウを紹介しています。エクスペリエンスプロデューサーには、準備から当日、終了後の報告まで、予想外の出来事にも対処する柔軟な対応力が求められます。そしてそのためには確固たる軸となる技術が必要です。この「実践編」では、そのような軸となる技術をご紹介したいと考えています。

本書では、具体的な業務内容について触れる際には、エクスペリエンス領域業務の中でも特に「展示会」の出展ブースを想定して書いています。展示会は、多くの方がイメージしやすいだけでなく、ショールームやポップアップショップ、店舗など、他のさまざまな領域にも応用しやすいという特徴があるからです。私自身も、展示会から始まり、ショールームや店舗のプロデュースへとキャリアを広げていきました。その経験から、展示会のノウハウが他のエクスペリエンス領域にも役立つことを実感していますので、そのエッセンスを皆さんにお届けしたいと考えています。

また、本書は、エクスペリエンスプロデューサーとしてだけでなく、一般のビジネスパーソンや学生の皆さんにとっても、学びのある内容になるよう心掛けて書きました。特に「プロジェクトマネジメント」は、エクスペリエンスプロデュースに限らず、どのようなビジネスでも通用するスキルです。チームでの円滑なコミュニケーション、限られたリソースの中で成果を出す方法、クライアントとの信頼関係を築くための工夫など、ビジネスの基本となる考え方やテクニックも、本書にはふんだんに盛り込んでいます。

エクスペリエンスプロデューサーの仕事は、毎回異なる参加者に、毎回異なる体験を、毎回異なるクライアントやキャスト／スタッフと提供する、非常に不確実性の高い仕事です。しかし、だからこそ、参加者が感動してくれた時の喜びやプロジェクトが成功した時の達成感は格別です。本書を通じて、皆さんにエクスペリエンスプロデューサーの仕事の魅力や奥深さを感じていただくとともに、より多くの皆さんが手掛けた感動体験施策が、さらにより多くの皆さんへ感動体験を提供できることを願っています。

本書を読むにあたって

本書では、下記を前提として執筆しています。

	総合演出（象：心を動かす）	プロジェクトマネジメント（象：成果を上げる）
企画（形：骨格をつくる）	時間・空間	組織・工程
制作（容：中身をつくる）	ソフト・ハード	情報・予算
運営（状：あり様をつくる）	人	成果

イベントの全体像

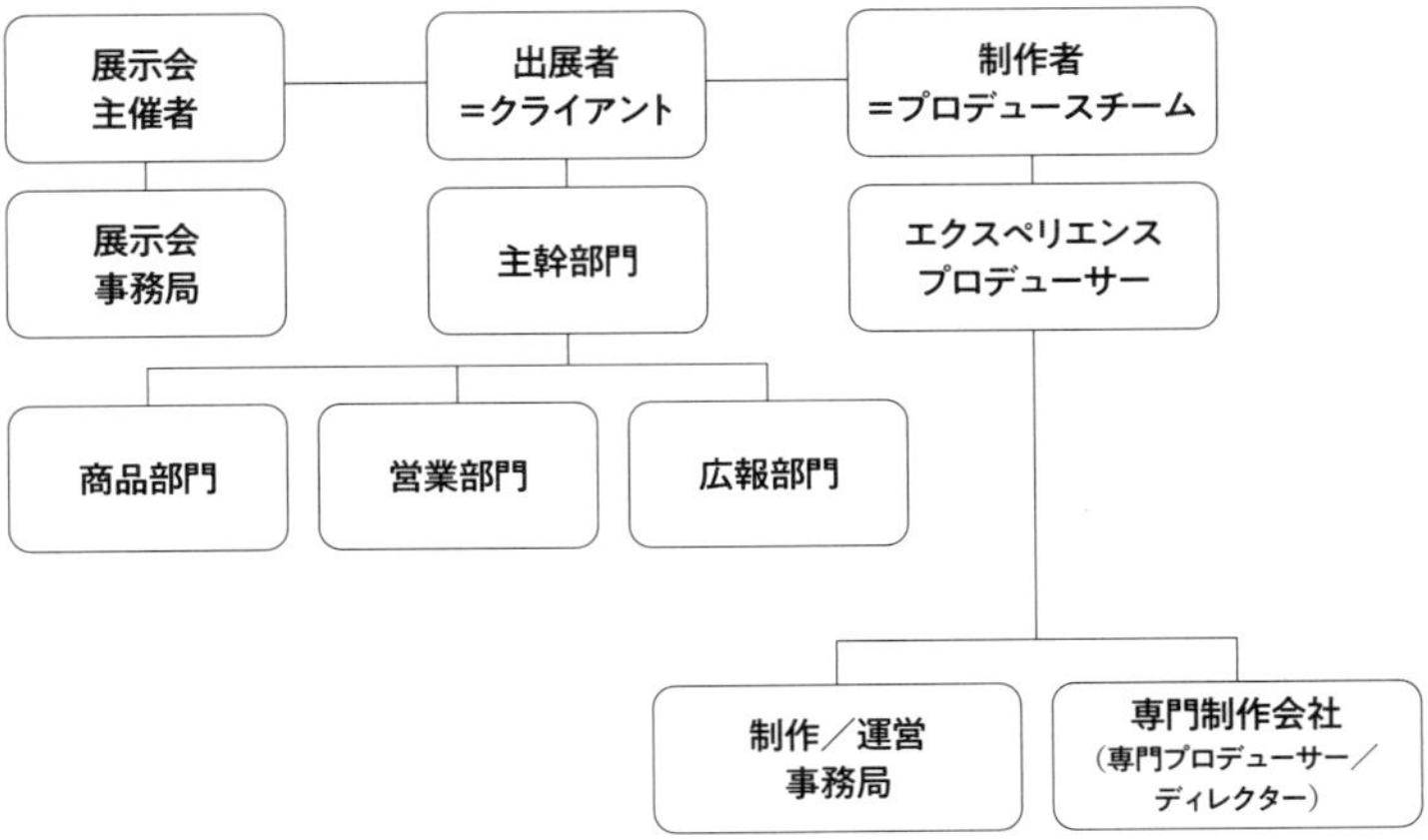

展示会出展ブースの関係者例

目次

第1部

基礎編

「基礎編」では、「エクスペリエンス」とは何か?「コンセプト」とは何か?「ストーリー」とは何か?という前提となる概念の理解から始めて、エクスペリエンスプロデューサーの2つの視点、「総合演出」と「プロジェクトマネジメント」について解説していきます。「総合演出」の視点では、演出の対象となる5つの要素（時間・空間・ソフト・ハード・人）について、「プロジェクトマネジメント」の視点では、マネジメントの対象となる5つの要素（組織・工程・情報・予算・成果）について説明します。この「基礎編」を通じて、エクスペリエンスプロデュースの基盤となる概念と基本的な考え方を理解していただくことを目指しています。

第1章 エクスペリエンスプロデューサー＝総合演出家＋プロジェクトマネージャー

❶「エクスペリエンス」とは何か？

エクスペリエンスの種類と範囲

日常生活のあらゆる場面で私たちはさまざまな「エクスペリエンス」に触れています。「ＵＸ（ユーザーエクスペリエンス）」「ＣＸ（カスタマーエクスペリエンス）」「ＢＸ（ブランドエクスペリエンス）」という言葉を皆さんも一度は聞いたことがあると思います。

ＵＸは、ユーザーがプロダクトやサービスを利用する際に感じる体験を意味します。具体的には、アプリの使いやすさやデザイン、ウェブサイトの操作性などがＵＸに含まれます。ＵＸは、ユーザーが「このサービスは便利だ」「使いやすい」と感じることを目指してデザインされます。

CXは、プロダクトやサービスの購入前から購入後に至るまで、顧客が体験する一連のプロセス全体を指します。つまり、CXには、プロダクトやサービスの利用時だけでなく、問い合わせやサポート対応といった場面も含まれます。一般的にはUXはCXの中に含まれていると考えることができます。

BXは、ブランドと生活者の間に生まれるすべての「体験」や、それを通じて積み重ねられる「経験」のことを指します。BXは、UXやCXといった断片的な体験にとどまらず、ブランドと生活者が接触するすべてのタッチポイントをカバーしています。その意味ではUXもCXもBXの中に含まれていると考えることができます。

ここまでの整理を図示するとBX>CX>UXということになります。

イベントや展示会の役割の変化

それでは、私たちが本書で扱うエクスペリエンスはBX・CX・UXのうちどれか?それはBX=ブランドエクスペリエンスです。生活者が直接ブランドに触れ、実際の体験を通してブランドを理解し、記憶としてイメージや信頼や愛着をつくるもの、それがブランドエクスペリエンスであるからです。ブランドにとって非常に重要な意味を持つものです。

かつては、エクスペリエンス領域業務のうち、特にイベントや展示会は、マーケティング活動の一環として、プロモーション施策の一つに位置付けられていました。しかしながら、近年では「ブランドエクスペリエンス」として位置付けられ、企業やブランドにとっての重要性も高まりました。そして求められる効果も変わりました。

エクスペリエンス領域業務では、生活者がどのようにブランドに触れ、どのような体験を得て、最終的にどのような経験としてその記憶に残るのかを考える必要があります。そこで重要になってくるのが「コンセプト」です。

❷「コンセプト」とは何か?

「コンセプト」と「目的」

コンセプトは目的と密接な関係を持っています。目的が目指すゴールであるのに対し、コンセプトはその目的を達成するための戦略を言語化したものです。コンセプトは戦略ドメイン（ドメインは領域の意味）とも言います。目的が「何のために」その企画を行うのかを示し、コンセプトが「どのように」それを実現するのかという戦略を示す役割を果たします。これらが明確であることが、効果的なエクスペリエンスをつくるためには欠かせないのです。

エクスペリエンスプロデューサーがイベントなどの企画を立ち上げる時、ゼロからすべてをつくり上げるわけではありません。むしろ、まず設定された「目的」があり、その目的を達成するためにどのような「コンセプト」が効果的・効率的かを考え、そこから企画が具体的に動き出します。コンセプトは、企画の起点であり、基礎であると言えます。

コンセプトが明確でなければ、どのようなストーリーや体験をつくるべきかが定まらず、結果としてエクスペリエンス施策全体が曖昧になってしまいます。コンセプトは「感動体験（心を動かす体験）」の「心が動く方向性」を定めるものであり、「感動体験施策（感動体験を提供する活動）」の成果イメージを定めるものでもあります。だからこそ、エクスペリエンスプロデューサーとして、まずは目的を深く理解し、その目的を実現するための具体的なコンセプトを策定することが重要です。

「コンセプト」の構成要素

コンセプトは具体的には「誰に」「何を」「どのように」の3つの要素で定めます。「誰に」はターゲット、「何を」はメッセージやテイクアウェイ（持ち帰ってほしい情報）、「どのように」はトーン&マナーやサポート（「何を」を裏付ける情報）です。戦略ドメインとも呼ばれる通り、目的を達成するために資源を投入する領域（ドメイン）を定めるものです。

コンセプトはそのままキャッチコピー化して一言で表現することもありますが、その背景にこの考え方（「誰に」「何を」「どのように」）があることが重要です。「誰に」「何を」「どのように」が伝わるコピーでなければ戦略方針を共有することができません。

そして、エクスペリエンスプロデューサーにとってコンセプトは非常に重要です。それは、コンセプトを明確にすればするほど、エクスペリエンスにとって重要な「ストーリー」も明確にすることができるからです。

❸「ストーリー」とは何か？

「ストーリー」は3部構成

「ストーリー」と聞いて皆さんはどのようなイメージを持つでしょうか？起承転結のある複雑なものや、映画や演劇のような特別なものを想像したりする人が多いかもしれません。

しかし本書では、「ストーリー」をシンプルに「発端→過程→結末」の3部構成として捉えます。あくまでも、エクスペリエンスの枠組みであり、形式です。一般的には「過程」ではなく「中盤」と呼ぶことが多いのですが、「中盤」という表現では位置付けが曖昧になりやすいので、本書では「過程」と表現しています。

「ストーリー」はシンプルな「3部構成」ですが、重要なのは「プロットポイント」と呼ばれ

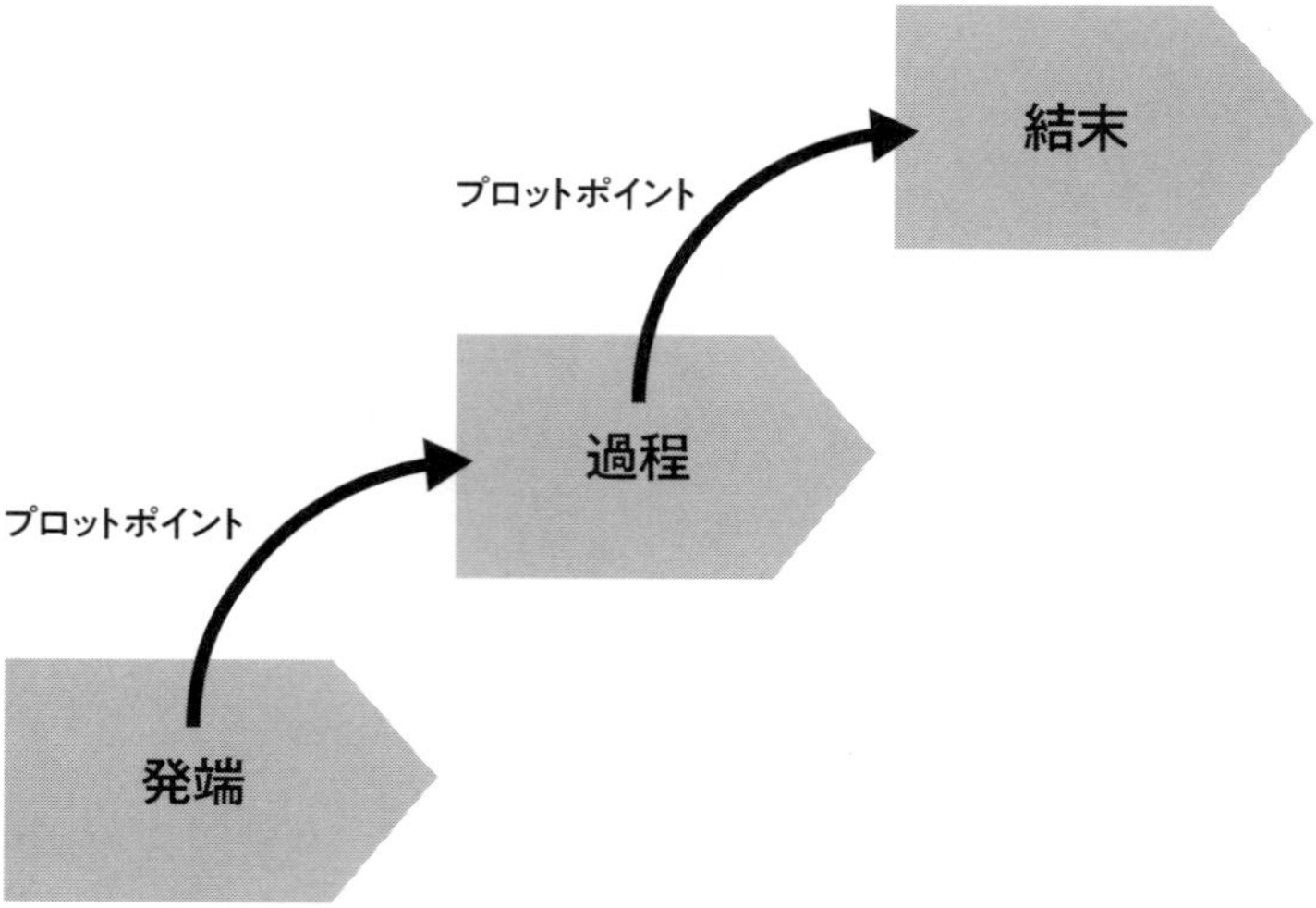

ストーリーの構成イメージ

る「転換点」を設定することです。プロットポイントとは、物語の進行に大きな変化をもたらす場面のことを指し、ストーリーが「発端→過程→結末」と進むための重要な要素です。「発端」と「過程」、「過程」と「結末」をつなぐために、必然的にプロットポイントは最低でも2つ必要になります。これら2つのプロットポイントを設定することで参加者を引き込み、心を動かすことができるようになるのです。

つまり、ストーリーを組み立てることは、この2つのプロットポイントを設定することでもあると言えます。

「ストーリー」は「態度変容」のプロセス

ここで、本書で扱うエクスペリエンスが

「相互作用」であり、「感動体験（心を動かす体験）」であることを思い出してください。ストーリーの「結末」は、単に終わるだけではありません。その結果として参加者にどのような変化が起こり、どんな気持ちになるのか、そこまで踏み込んで考える必要があります。このような「変化」を、広告業界では「態度変容」と言います。「態度変容」とはブランドや商品に対する意識の変化を表し、具体的には「認知」「好意」「購入意向」「ブランドイメージ」などの指標で測られることが一般的です。

ストーリーは、この「態度変容」のプロセスとして捉えることができます。ストーリーの発端から過程、そして結末へと進むにつれて、参加者の気持ちがどのように変わり、最終的にどのような感情や態度につながっていくかを意識することが大切です。この視点を持つことで、ストーリーは単なる構成である以上の影響力を持ち、参加者の心を動かすものとなります。

エクスペリエンスプロデューサーの仕事は、この「態度変容」を引き起こすことが大きな目的の一つです。エクスペリエンス施策やイベントの企画は、参加者がただ楽しむだけでなく、その体験を通じて心が動き、考えが深まり、態度に変化をもたらすような仕組みが求められます。このように、体験を通して参加者がブランドに対して新しい認識や感情を抱くようになれば、ストーリーが真に意味あるものとして生きてくるのです。

「ストーリー」と「コンセプト」は表裏一体

そしてストーリーとコンセプトは、さながら表と裏の関係にあります。コンセプトが明確であればあるほど、ストーリーの流れも鮮明になり、同様にストーリーが魅力的になればなるほどコンセプトもより効果的になるのです。

ストーリーは「発端」「過程」「結末」という3部構成で成り立っています。一方、コンセプトも同様に、「誰に」「何を」「どのように」という3つの要素から成り立っています。つまり、ストーリーとコンセプトは、それぞれ異なる表現方法でありながら、実はよく似た「骨格」を持っているのです。

では、どのようにしてコンセプトからストーリーを組み立てれば良いのでしょうか？ここで、コンセプトの3要素をストーリーの構成に変換して考えてみます。極めて簡単です。コンセプトの「誰に」を「発端」に、「どのように」を「過程」に、そして「何を」を「結末」に解釈し直すのです。

例えば、コンセプトにおける「誰に」というのは、具体的にどのような生活者をターゲットとするかという視点を含みます。これをストーリーにおける「発端」として解釈すれば、主人公である参加者が誰であるか、どのような課題やニーズを抱えているのを描くことができます。

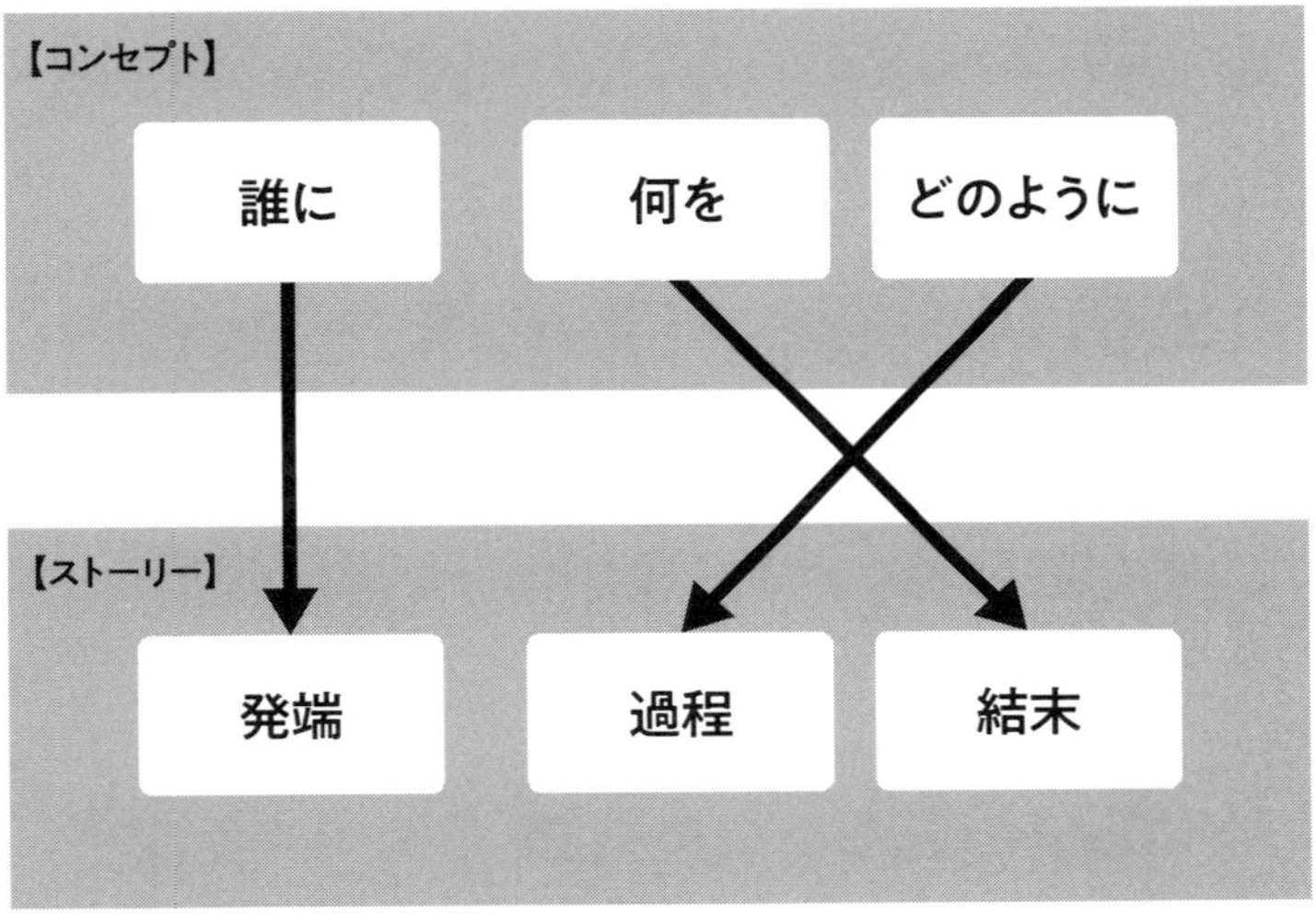

コンセプトとストーリーの関係

次に、「どのように」というコンセプトの要素を、ストーリーにおける「過程」として解釈します。すると、主人公である参加者がどのような体験をして、どのように変化をしていくのかを展開することができるのです。

そして、「何を」というコンセプトの要素は、ストーリーにおける「結末」として解釈します。参加者が得る気づきや変化、新たな感情や態度の変容など、どのような結末を迎えるのかを描きます。

このように、コンセプトの「誰に」「何を」「どのように」をストーリーの「発端」「過程」「結末」に変換して解釈することで、体験の全体像がより具体的にイメージできるようになります。これが、コンセプトからストーリーを策定するプロセスです。

エクスペリエンスを企画する際には、コンセプトとストーリーを行き来しながら、より明確にイメージできるようにすることが大切です。この表裏一体の関係を意識しながら設計することで、明確なコンセプトとストーリーを定めることが可能になります。

「ストーリー」を「総合演出」する

「総合演出」をするもとになるのは「ストーリー」です。主人公である参加者がより印象的で効果的な結末を迎えられるように、周到にプロセスを計画することが重要です。参加者が、ただストーリーを追体験するのではなく、何らかの「変化」や大げさに言うと「成長」みたいなものを感じ取れるようにすることで、より深い印象を残し、心を動かす体験が生まれます。この変化は、参加者が自身の価値観や考え方の変化に気づき、新しい感情や行動につながる、いわゆる「態度変容」を引き起こすことを目指しています。

エクスペリエンスデザインにおいては、単に一方的なメッセージを伝えるのではなく、参加者との「相互作用」を通じて変容が起きることが重要です。つまり、イベントや体験の場で、参加者が自ら関わりながら進んでいくことができるように設計し、参加者自身がストーリーの中で何かを発見し、考え、感じることで、より強い結末にたどり着けるように導くのです。

具体的には、エクスペリエンスの流れの中に、参加者が主体的に選択したり、他者との交流を通じて気づきを得たりする瞬間を意図的に組み込みます。例えば、進んでいく過程で選択肢を与えたり、他の参加者との対話を促したりすることで、自分の価値観や行動に気づきを得られる仕掛けをつくり出します。これにより、ただの受動的な体験ではなく、主体的に関わることで深い印象が残り、結果として態度変容が生まれやすくなるのです。

このようにして、参加者が結末で新たな気持ちや考え方に到達することができるようにデザインされたエクスペリエンスは、単なる情報提供を超え、参加者の心が動く「感動体験」となります。

「コンセプト」を「プロジェクトマネジメント」する

「プロジェクトマネジメント」をするもとになるのは「コンセプト」です。コンセプトをマネジメントすることは、クライアントがより良い成果を得るための、すなわち目的の達成度を高めるための重要なプロセスです。コンセプトは、イベントや体験の全体的な方向性を定める基盤であり、これが明確であればあるほど、各プロセスの一貫性が保たれ、参加者にとって意味のあるエクスペリエンスが生まれるとともに、クライアントにとってもより良い成果を得やすくなります。

まず、コンセプトは単なるアイデアやテーマではなく、イベントや体験の「目的を達成するための戦略」であることを念頭に置きます。コンセプトが明確であれば、すべての企画や施策がその目的に向かって調整され、企画の各要素が一貫性を持って機能します。

また、コンセプトをマネジメントする過程では、コンセプトが常に関係者全員に共有され、全体のビジョンや方向性がブレないようにすることも重要です。プロジェクトメンバーや協力者がコンセプトを深く理解し、それに基づいて自分の役割を果たせるようにするために、定期的なミーティングやフィードバックを行います。これにより、チーム全体が共通のゴールに向かって一丸となって取り組むことができ、イベントの質と成果が向上します。

さらに、コンセプトマネジメントの中では、実施中の状況を適切にモニタリングし、柔軟に調整を行うことも求められます。目的達成に向けて計画されたコンセプトが、実際の進行中でどのような成果を生み出しているか、あるいは予期しなかった課題が発生していないかをチェックし、必要に応じて改善策を講じるのです。こうしたマネジメントによって、目的の達成度が高まり、イベントの成功率も向上します。

コンセプトをしっかりとマネジメントし、戦略的に運用することによって初めて、イベントは最大限の成果を上げることができるようになるのです。

❹「総合演出」とは何か?

「総合演出」とは、「エクスペリエンス(体験)」が企画者の意図する「ストーリー」に基づいて、狙い通りの結末(態度変容)を迎えるための統括的な演出を指します。総合演出の目的は、参加者がイベントなどの体験を通して、狙い通りの気づきや変化を得ることができるようにすることです。そのために、総合演出家であるエクスペリエンスプロデューサーは、「エクスペリエンス」の「ストーリー」を明確化し、それを実現するために必要な要素を効果的に統合します。

「総合演出」の役割は、エクスペリエンスを構成する「5つの要素(時間・空間・ソフト・ハード・人)」を統括し、方向性を示すことにあります。これらの要素は、参加者がイベントを通してどのような印象を受けるかに大きな影響を与える重要な構成要素です。エクスペリエンスプロデューサーは、この5つの要素が有機的に機能するように設計し、企画の狙いに沿った演出を行うことで、意図した成果を生み出すエクスペリエンスを実現します。

なお、本書において「総合演出」という言葉を用いる理由は、エクスペリエンスプロデューサーの仕事には以下の3つの特徴があるからです。

❶対象範囲の広さ　総合演出がカバーする範囲は、「時間」「空間」「ソフト」「ハード」「人」という5つの要素にまたがります。これらの要素は、それぞれ独立しているわけではなく、互いに影響し合い、相乗効果を生むことで、体験全体の性質が変化します。したがって、総合演出は非常に広範囲にわたる要素を統括する役割を担います。

❷全工程にまたがる一貫性　総合演出家は、ストーリーが一貫して反映されるよう、企画から制作、そして運営のすべての段階に携わります。初期のコンセプトづくりから演出設計、当日の運営に至るまで、各段階での調整や修正を行いながら全体を統括し、最後まで方向性がブレないようにするのが総合演出の役割です。

❸個別演出との区別　「ステージ演出」や「空間演出」などのように、特定の分野や部分にフォーカスした演出と区別するために「総合演出」という表現を使用しています。総合演出は、個別の要素を超えて、全体の構成や一貫性を見据えて演出する立場にあります。各分野の専門家が担う個別演出が効果的に機能するように調整し、それぞれが全体のエクスペリエンスに寄与する形で組み合わせるのも、総合演出の大切な役割です。

このように、総合演出はエクスペリエンスの骨格を形づくり、参加者にとって意味のある一貫した体験を提供するために欠かせないものです。総合演出家であるエクスペリエンスプロデューサーが、5つの要素を効果的に組み合わせ、企画から実行まで一貫して携わることで、狙い通りの成果を生むエクスペリエンスが実現します。

それでは総合演出の対象となる「5つの要素（時間・空間・ソフト・ハード・人）」について、それぞれの内容を簡単に説明します。

時間

エクスペリエンスにおいて、「時間」はストーリーを具体的に展開するための重要な「軸」となるものです。本書では、この「時間」の要素を活用して構成したものを「プログラム」と呼びます。プログラムとは、タイムテーブルを持ち、時間に沿って体験が進行するものを指します。時間軸を明確に設定することで、参加者がストーリーの始まりから終わりまでの一連の流れを感じ、より深く物語に没入できるようにするためのものです。

「プログラム」は、本書においてタイムテーブルを持たない「コンテンツ」とは区別して扱います。コンテンツはいつでも体験できる要素を指し、参加者が自由に楽しむことができるものです。一方でプログラムは時間に従って展開するため、体験者が特定のタイミングで参加することが求められます。こうした違いを理解することで、エクスペリエンスにおける時間の使い方がより効果的になるでしょう。
「プログラム」には、展開する空間や内容に応じてさまざまな種類があり、それぞれが異なる体験を提供します。例えば、「ステージプログラム」では、ライブパフォーマンスやイベントが特定のステージで行われ、参加者が一体となって体験を共有します。「シアタープログラム」は、映像作品や演劇が上映される場で、参加者はその空間と時間を共有しながらストーリーを楽しむことができます。また、「講演プログラム」や「セミナープログラム」では、特定のテーマについての知識や情報が提供され、参加者は新しい情報やインスピレーションを得ることができます。「映像プログラム」は映像作品がメインとなり、視覚と聴覚を通じて体験を提供します。

これらのプログラムの多様な形式を効果的に組み合わせることで、エクスペリエンス全体にリズムや変化を持たせ、参加者の満足度を高めることが可能になります。時間に基づいたプログラム設計は、エクスペリエンス企画において欠かせない重要な要素です。参加者がどのようなペースで、どのような順序で体験を進めていくかをデザインすることで、ストーリーが一貫して伝わり、参加者にとってより深い記憶に残るエクスペリエンスとなるのです。

空間

エクスペリエンスにおいて、「空間」はストーリーを具現化するための重要な「軸」となるものです。本書では、この「空間」を「ゾーニング図」と「空間デザイン」の2つで構成しています。「空間」は、ストーリーを空間的に展開し、参加者に体験してもらうための舞台であり、空間全体がストーリーの構成要素としてデザインされています。

まず、「ゾーニング図」は、体験が空間上でどのように構成されるかを示すもので、「プログラム」と「コンテンツ」をグルーピングした「ゾーン」を空間上に配置したものです。例えば、プレゼンテーションゾーン、展示ゾーン、体験ゾーンなど、異なる体験が用意された「ゾーン」を配置すれば、参加者がゾーンを移動することでストーリーが展開されます。

「コンテンツ」は、表現手法や内容によってさまざまな種類があり、空間に配置される具体的な要素を指します。例えば、「展示コンテンツ」は特定のテーマに基づいた展示物で、参加者がそれを鑑賞することでストーリーが進行します。また、参加者がくつろげる「ホスピタリティコンテンツ」も空間の一部として配置され、休憩や交流が行える場を提供します。さらに、「サイン」や「グラフィック」「展示装飾」といった要素も企画上は独立したコンテンツとして扱われ、参加者への案内や空間の雰囲気づくりに重要な役割を果たします。

一方、「空間デザイン」は、こうした「コンテンツ」の集合体として捉えられます。本書では、「空間デザイン」は単なる背景や装飾ではなく、エクスペリエンス全体の一部として考える立場を取っています。ストーリーを体験する上で空間に重要な役割を持たせる場合には、「サイン」や「グラフィック」、「展示装飾」などを「コンテンツ」としてあらかじめ企画に組み込み、計画的に配置します。こうすることで、空間全体が一貫してストーリーに沿った体験を提供できるようになります。

つまり、「空間デザイン」はエクスペリエンスの背景でありながら、体験の骨格を成す要素として機能します。空間上に配置されたプログラムやコンテンツの「空間デザイン」によって、参加者が何を見て、どのように動き、ストーリーを体験していくかが左右されます。

このように「ゾーニング」と「空間デザイン」によって「空間」そのものがエクスペリエンスの一部としてストーリーを伝え、参加者が自然にストーリーの中に没入できるようになります。

ソフト

エクスペリエンスにおいて、「ソフト」はプログラムやコンテンツを具体的に運営・実施するためのシナリオとなる要素です。ここでは、プログラムとコンテンツのそれぞれに対して詳細なシナリオを提供するため「構成台本」と「運営マニュアル」に情報を展開します。これらの情報が、エクスペリエンス全体の統一感と質を維持するために欠かせないのです。

まず、「構成台本」は、ステージやシアター、講演、セミナー、映像などの「プログラム」に関する詳細を規定したものです。プログラムが時間に沿ってどのように展開されるのか、その進行や内容、演出方法を具体的に示します。構成台本には、開始から終了までの流れが明確に記されており、キャスト、音響、照明、映像、演出のタイミングなど、参加者に与える印象を左右する要素が細かく調整されています。この構成台本があることで、ステージや講演といったプログラムがスムーズに進行し、参加者がストーリーに一貫して没入できるようになります。

一方、「運営マニュアル」は、展示コンテンツやホスピタリティコンテンツなど、参加者が自由にアクセスできる「コンテンツ」の運営方法を規定したものです。運営マニュアルには、各コンテンツの設置方法や管理手順、案内の仕方などが記載されており、現場でのスムーズな運営を支援します。これにより、本番中の接客や案内の質が一定に保たれ、参加者が快適に体験できる環境が整います。

「構成台本」も「運営マニュアル」も、エクスペリエンス全体のトーン＆マナーを統一する上で非常に重要です。各プログラムやコンテンツが独立した演出の枠内にとどまらず、統一されたメッセージや雰囲気を参加者に伝えることで、エクスペリエンス全体が一つのストーリーとして成立し、参加者の没入感を高めます。このような一貫性を保つためには、総合演出の役割が非常に重要です。総合演出家は、構成台本や運営マニュアルが共通のトーン＆マナーでまとめられるように監修し、全体を統括する役割を果たします。

エクスペリエンスにおいて、情報は単なるマニュアルや手順書ではなく、イベント全体の方向性を定め、統一感を実現するための鍵となるものです。構成台本と運営マニュアルが整備され、トーン＆マナーが統一されることで、参加者は全体を通して一貫したストーリーを感じ取り、企画側が意図した変化や感動を受け取ることができるのです。

ハード

エクスペリエンスにおいて、「ハード」は物理的な空間と参加者の接点をつくり出す重要な要素です。「ハード」の要素は「実施設計図」に展開し、それを「造形物」として会場に設営することで実現します。「実施設計図」は、「展示物」や「装飾」「什器」「サイン」「グラフィック」など必要要素の他、「運営方法」まで勘案した各コンテンツの詳細に基づいて作成され、それらを造形物として具現化することで参加者に物理的な体験が提供されます。

造形物のデザインプロセスは、まず小さなコーナー単位から始まり、次にゾーン単位、そして会場全体の順に検討していきます。段階的に検討するのは、空間の各エリアが全体としての統一感を持ちながらも、異なるエリアでそれぞれの特色を持たせるためです。コーナーやゾーンごとのデザインが積み重なって、最終的に会場全体の一体感と多様な体験を生み出します。

また、ヴィジュアルアイデンティティ（ＶＩ）の構築も、総合演出の醍醐味の一つです。ＶＩは、イベントや体験のビジュアル面での統一感や雰囲気を生み出す重要な要素ですが、必ずしもすべてを一つのＶＩで統一する必要はありません。ゾーンごとに異なるテーマや雰囲気を持たせることで、空間全体に変化とリズムを生み出すことも可能です。例えば、展示エリアには落ち着いたＶＩを、体験エリアには活気あるＶＩを取り入れれば、参加者にとって空間がより多様で豊かなものとなります。

総合演出家は、こうしたＶＩの設定も含め、実施設計図に基づいて造形物の一貫性を保ちながら、それぞれのコンテンツが独立しても機能し、同時に全体のストーリーに溶け込むように監修します。デザインの各要素が統一されたトーン＆マナーでまとめられることで、会場全体がストーリーの一部としての役割を果たし、参加者がストーリーに没入できる空間が生まれるのです。

このように、「ハード」は単なる展示物や装飾品にとどまらず、参加者が見て、触れて、感じる、ストーリーそのものです。実施設計図から生まれる造形物が空間を形づくり、ＶＩによってビジュアル面での統一感と変化がもたらされることで、体験の一貫性と多様性が両立するエクスペリエンスが完成します。

人

エクスペリエンスにおける「人」は、スタッフやキャストの役割を通じて、コンテンツやプログラムを効果的に機能させ、エクスペリエンス全体を促進する重要な要素です。スタッフやキャストは、イベントや体験において単なる運営者や案内役にとどまらず、参加者とエクスペリエンスとの「媒介」として機能します。彼らの存在が、参加者がストーリーに深く没入できるかどうかを左右するのです。

エクスペリエンスは、単なる一方通行の体験ではなく、参加者との「相互作用」を通じて初めて成り立ちます。つまり、参加者がただ見ているだけではなく、双方向の関わりが生まれることで、より深い体験が可能になるのです。ここで、スタッフやキャストの関わり方が非常に重要になってきます。例えば、参加者が質問をしたり、疑問を抱いたりした際に、スタッフが適切なサポートや情報提供を行うことで、参加者が次のステップへ進むきっかけを与えることができます。

さらに、参加者の人流やその場での反応に応じてプログラムを柔軟に調整することも、総合演出の醍醐味の一つです。参加者の流れが集中しているゾーンや、その場での反応をキャッチし、スタッフがリアルタイムで体験を誘導したり調整したりすることで、体験全体がスムーズかつ効果的に進行します。例えば、込み合ったエリアでは、スタッフが柔軟に案内を調整することで、参加者が無理なくイベントを楽しむことができます。また、参加者の反応を観察し、特定のプログラムやコンテンツへの関心が高まっている場合には、臨機応変に追加の案内やサポートを行うことで、参加者が求める体験を提供しやすくなります。

スタッフやキャストが一貫したトーン&マナーで対応することも重要です。彼らの言動や行動が統一されたスタイルであれば、イベント全体の雰囲気やテーマも一貫性を保ちやすく、参加者はよりスムーズに物語の世界へと引き込まれます。総合演出家は、スタッフやキャストのトレーニングを通じて、その役割や立ち位置、対応の仕方を一貫したものとし、全体のエクスペリエンスに統一感を持たせることに注力します。

このように「人」は、参加者との双方向の交流によってエクスペリエンスを生み出す不可欠な要素です。スタッフやキャストがコンテンツやプログラムの一部として機能することで、相互作用を通じて、参加者がより深く意味あるエクスペリエンスを得られるのです。

❺「プロジェクトマネジメント」とは何か?

「プロジェクトマネジメント」とは、クライアントが設定した「目的」を確実に達成するために、「戦略（＝コンセプト）」の実現を管理することを指します。エクスペリエンスにおけるプロジェクトマネジメントは、単なるスケジュール管理や予算調整ではなく、全体の目指す方向性を維持し、各ステップが最終的な成果に向かって進むようにする重要なプロセスです。

エクスペリエンスプロデューサーはプロジェクトマネージャーとして、まず「プロジェクト」の向かうべき方向性（＝コンセプト）を明確にし、それに基づいて全体の方向性を示します。コンセプトがしっかりと共有されていれば、プロジェクトのすべての要素が目的に向かって一貫性を持って機能します。プロジェクトマネージャーは、このコンセプトを軸に、プロジェクトを構成する「5つの要素（組織・工程・情報・予算・成果）」を統括して管理します。

1　組織

エクスペリエンス領域業務の特にイベントにおける「組織」の特徴は、その「可変性」にあります。クライアントと制作者（＝プロデュースチーム）という基本的な主体の関係は変わりませんが、実際のプロジェクトでは、クライアント側には商品担当や営業担当、広報担当などさまざまな関係者が関与し、制作者側には会場設営担当、演出進行担当、会場運営担当など多くの専門チームが参加します。このように、イベント業務の組織はプロジェクトの進行やフェーズに応じて変化し、柔軟な構成が求められます。

そこで、プロジェクトマネジメントにおける「組織」は、特定の役割を持つ「会議体」として捉えます。「会議体」とは、目的に応じて招集される会議や集まりを指す、プロジェクトの目的を達成するために構成された集団です。会議体は、必要なメンバーがその時々の目的に応じて集まることで、柔軟かつ効率的にプロジェクトを推進します。このような会議体を設置することで、イベント運営に必要な各方面の知識や技術が集約され、組織全体が一貫して目的に向かって進むことが可能になります。

イベントにおける会議体の種類は非常に多岐にわたり、企画段階から運営段階までに多様な会議が想定されます。以下は、それらの例です。

全体定例会議　週に1回から2週に1回のペースであらかじめ日程を決めてクライアントと制作者（プロデューススチーム）が集まり、プロジェクト全体の進捗や重要事項の確認、各チーム間の情報共有を行う場。

事前定例会議　全体定例会議の前に、主に制作者（プロデューススチーム）が集まり、全体定例会議への提出物の準備状況や今後の計画について確認する場。

分科会（運営、設営、広報等）　不定期に各専門分野に分かれて詳細な業務について計画・調整する場。全体定例会議出席者以外のメンバーも出席者として招集することが多い。

商品担当者会議　商品担当者が集まり、主幹部門から展示ルールの説明や展示ゾーンの運営方針や運営マニュアルの共有などをする場。

営業担当者会議　営業担当者が集まり、主幹部門から招待活動のルールの説明や依頼事項、運営マニュアルの共有などをする場。

オールスタッフミーティング　イベントなどで現場に入る直前に、主要なスタッフが集まり、顔合わせと全体工程やルールの共有をする場。

これらの会議体は、目的に応じてメンバーが変動し、必要な情報や進捗が共有されるため、プロジェクト全体が効率的かつ柔軟に進行します。会議体を適切に組み合わせ、プロジェクトのフェーズやニーズに応じて運用することで、イベントの複雑な組織構造を整理し、目的達成に向けた強力なサポート体制を整えます。

2　工程

エクスペリエンス領域業務の特にイベントにおける「工程」の特徴は、段階的に進められると同時に、管理すべき項目や関係者が非常に多岐にわたることです。工程の進行には各関係者が持ち場での準備を滞りなく進められるように、細かく段階を分け、スケジュールを明確にしておくことが求められます。

通常、イベントの準備段階は大きく「基本企画」「基本計画」「実施計画」「製作（工場などでつくること）」の4段階、または「基本企画」と「基本計画」を併せた「基本企画／計画」「実施計画」「製作」の3段階に分けて考えます。企画・計画の段階には最低でも「企画↓提案↓戻し↓修正↓再提案↓決定」の6ステップが必要です。そのため、企画や計画、修正に2週間、提案から戻し、再提案から決定にそれぞれ1週間、製作に4週間が必要だとすると、3段階だとしても最低16週間もの期間が必要になります。

さらに、イベントの構成要素は相互に関係し合っています。全体の企画が確定しなければ、

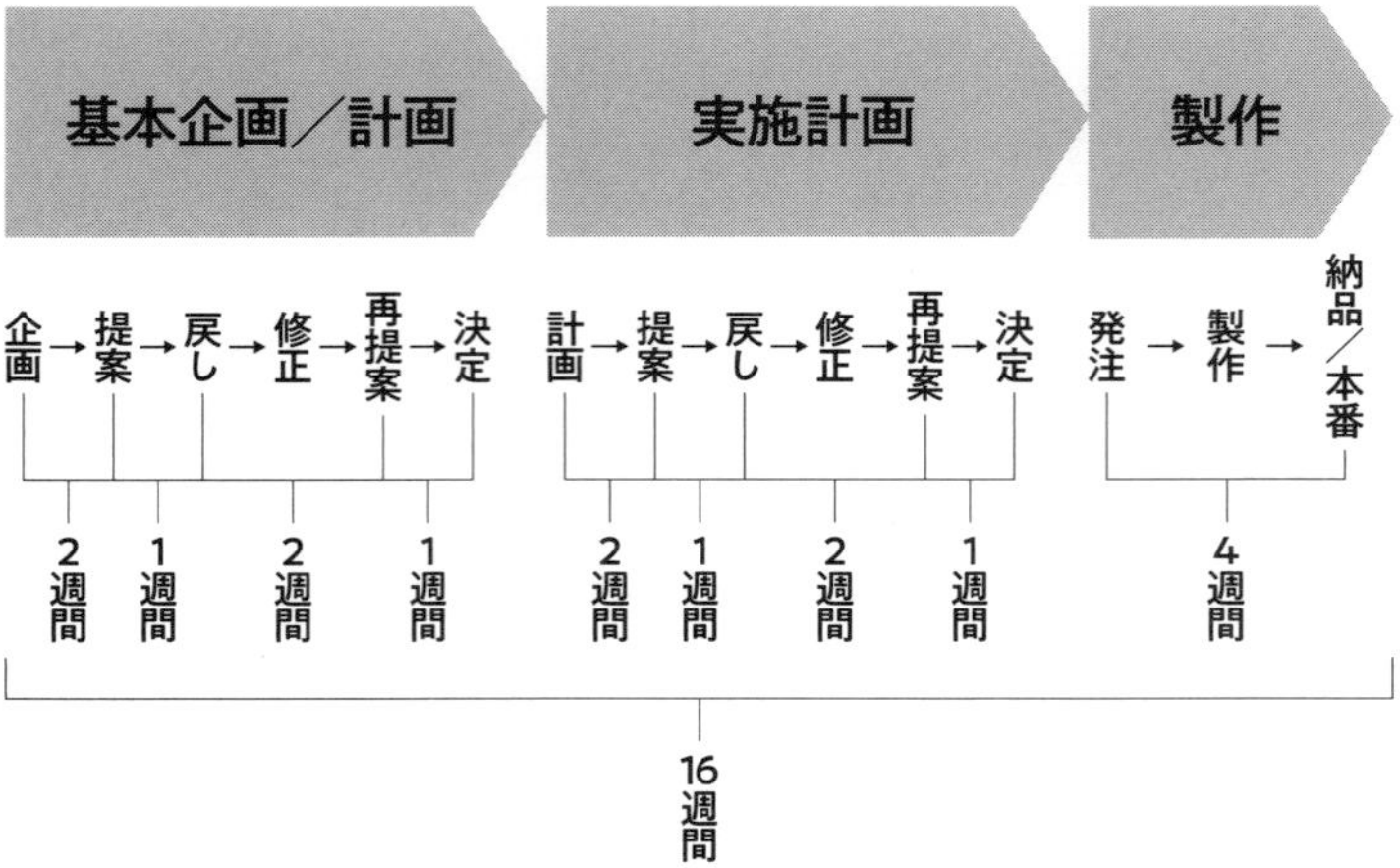

工程イメージ

会場設営や運営計画を進めることはできません。各ステップを順序立てて進めていく以外に効率的な方法はなく、すべてが連動して進むため、イベントの工程管理には計画的で慎重なスケジュール管理が不可欠です。

　このように、会場設営、演出、運営、制作物など、多岐にわたる準備物があるため、それぞれに確認や調整が必要です。無理のないスケジュールをあらかじめ設定し、関係者全員に周知徹底しておくことが重要です。例えば、提案と戻し、決定までに1週間程度の余裕を持たせることで、関係者が確認し、調整する時間を確保できます。提案時点でその場で決定できることは限られており、必ず確認や調整が必要になるため、スケジュールに十分な余裕を持たせることが、スムーズな進行のコツとなります。

また、スケジュールを作成する作業は、先に説明した「会議体」や、この後説明する「予算」「情報」「成果」のすべてに関係し、プロジェクト全体の成否を左右する非常にクリエイティブな作業です。工程をしっかりと設計し、各関係者に周知徹底することが、プロジェクトマネジメントの核と言えるでしょう。

3　予算

エクスペリエンス領域業務の特にイベントにおける「予算」の特徴は、その「一回性」にあります。イベントは一度限りのものであり、毎回条件や内容が異なるため、事前にある程度の計画を立ててからでないと見積もりを出すことができません。

例えば、会場設営の見積もりを出すには、まず会場の寸法や構造、使用する部材や素材の種類を具体的に想定する必要があります。会場運営においても、必要なスタッフのポジションや勤務時間、備品の数や種類を考慮しなければ、正確なコストは算出できません。さらに、詳細が確定するたびに見積もりが変動する可能性があるため、予算管理には細心の注意が求められます。

そこで、イベントの予算管理では、「基準見積もり」を設定し、その後の変動を「増減」として管理する方法が一般的です。基準見積もりとは、ある程度の予測に基づいた初期段階の見積もりで、企画段階での基本的な目安となるものです。これに基づいて、制作段階や運営段階

基準見積もり項目イメージ

Ⅰ. 企画／プロデュース費

Ⅱ. 制作費

1. 会場設営関係費

デザイン／設計費
全体施工費
コーナー装飾費

2. 演出関係費

演出／構成費
演出制作費（映像・音源等）
出演者関係費
進行人件費
機材関係費（映像・音響・照明）

3. 運営関係費

運営計画費
運営制作費
スタッフ人件費
備品関係費

4. 制作予備費

Ⅲ. 管理費

で必要な見積もりを逐次確認し、実際の仕様変更や新たな要求に応じて、増減を加えながら予算を調整していきます。

この管理方法を採用することで、各段階での変動にも柔軟に対応でき、予算の範囲内での最適な運営が可能となります。基準見積もりを軸にすると、プロジェクトの進行状況に合わせて適切にコスト管理ができるため、企画段階から運営段階まで予算のコントロールがしやすくなるでしょう。

イベントの予算管理では、定期的に見積もりの確認を行い、コストを把握しながら調整することが大切です。この方式を取ることで、予算を効率的に使いながら、イベントの質を維持し、意図した成果を達成するための予算調整が可能になるのです。

4 情報

エクスペリエンス領域業務の特にイベントにおける「情報」の特徴は、関係者が多岐にわたり、情報の伝達や調整が複雑になりやすい点です。各関係者の連携をスムーズに行うため、情報の窓口となる「事務局機能」を設けることが重要です。イベントの規模や内容によっては専用の事務局組織を立ち上げる場合もありますが、いずれにしても、情報の一元管理を行う窓口としての事務局機能は欠かせません。

種類	内容
商品情報	サイズ・スペック・消費電力・展示方法・取り扱い説明書など
原稿／素材	説明パネル・スペック・キャプション・映像・ナレーションなど
担当者情報	営業担当者（アテンダント）・商品担当者（説明員）・搬入／設営担当者など
制作進行書類	全体スケジュール・議事録・チェックリスト・見積もり
現場書類	図面・マニュアル・構成台本・スタッフ動静表・現場工程表など
報告書類	記録写真／映像・アンケート（来場者／商品担当者／営業担当者）など

イベントにおける情報の中身

事務局運営のコツは、情報のやりとりをスムーズに進めるための「情報の様式」や「調書」をあらかじめ整備しておくことです。情報の様式を統一することで、関係者間での確認漏れが防げるだけでなく、収集した情報を整理・管理しやすくなるというメリットがあります。例えば、問い合わせや申請のフォーマットを整備し、関係者全員に周知しておけば、情報の形式が整い、イベント全体の管理が格段に効率化されます。

情報管理のために最初にひと手間かけてフォーマットやガイドラインを整えることは、後々の手間を大幅に減らすことにつながります。イベントの規模が大きく、関係者が増えるほど、こうした初期の準備がプロジェクトの成功に寄与します。

また、事務局機能には、情報が各担当者に適切に届き、イベント全体で一貫した認識が持てるようサポートする役割もあります。関係者への情報発信や共有も事務局が行うことで、伝達ミスを減らし、全体の連携がスムーズに進むようになります。

5 成果

エクスペリエンス領域業務の特にイベントにおける「成果」の特徴は、その測定と評価の難しさにあります。イベントは特定の目的を達成するために実施され、その達成度合いを評価することが求められます。そこで重要になるのが「計数管理」と「成果指標」です。

「計数管理」とは業務や活動の進捗状況を把握するために数値を記録して管理することで、イベントの場合には「参加者数」や「配布物の数」「アンケートの獲得数」といった指標が設定されることが一般的です。これらがイベントの目的達成を直接的に示すものではないとしても重要な「成果」の一つであり、特にイベントの本番を迎えるとクライアントの重要な関心事になります。

次に「成果指標」ですが、これはイベントの目的がどの程度達成されたかを示すものであり、実はイベント業界において、その測定は長年の課題とされてきました。

これまで、イベントの成果指標としては、会場でのアンケートがほぼ唯一の方法とされてきました。しかし、会場アンケートは、場所や時間、回答のタイミングの問題により、イベントの全体的な成果を測定するには限界がありました。
そこで、本書では、著者が推奨している「イベント版ブランドリフト調査」をご紹介します。この手法は、参加者の「態度変容」に注目したもので、イベントだけでなく広くエクスペリエンス領域施策の成果をより的確に把握するために有用な新しいアプローチです。

「イベント版ブランドリフト調査」は、イベントの開催前後で同一の参加者に対してブランドイメージや認知度、好意度、購入意向度を調査して比較します。イベントの参加による「態度変容」を数値化することでイベントの成果をより具体的に評価することができます。さらに、イベント後の調査ではイベントの内容に関する評価も取得し、イベントの「内容評価」と「態度変容」の相関を見ることもできます。どのようにすれば「態度変容」を促すことができるのか、イベントの企画へのフィードバックを得ることができます。

このように前後比較型の「イベント版ブランドリフト調査」は、エクスペリエンス領域施策の目的である「態度変容」を測定するために非常に有効な手法です。エクスペリエンス領域施策がブランドのイメージや認知、好意、購入意向にどれだけの変化を与えたかを数値化することができ、さらに、「内容評価」との相関を見ることで、今後の改善や方向性の決定にも活かすことができます（詳細は、Ｐ１４８へ）。

「基礎編」のまとめ

❶「エクスペリエンス」とは「ブランドエクスペリエンス（BX）」のことであり、近年、イベントや展示会を含むエクスペリエンス領域施策の重要性は増してきています。

❷「コンセプト」とは戦略の領域（ドメイン）を示すものであり、「誰に」「何を」「どのように」の3つの要素で示します。

❸「ストーリー」とは「発端」「過程」「結末」の3部構成の「形式」であり、「コンセプト」の「誰に」「何を」「どのように」と裏表の関係にあります。

❹「総合演出」とは参加者が「ストーリー」を効果的に体験できるように、「時間」「空間」「ソフト」「ハード」「人」を駆使することです。

❺「プロジェクトマネジメント」とは、エクスペリエンス施策の目的を達成するために、「コンセプト」の実現に向けて「組織」「工程」「予算」「情報」「成果」を管理することです。

column 1

テーマパーク

私が就職活動中に掲げていた志望動機は「テーマパークをつくりたい」でした。これはもちろん、当時の私なりに考え抜いた末の結論で、どのような業種の企業を受験する際にも、同じことを話していたように記憶しています。

「テーマパーク」とは広辞苑第七版によると、「催し物や展示物をある主題のもとに統一して構成した遊園地」だそうです。今、あらためて考えてみると、私はまさに望んでいた通りの仕事ができているように思えます。

「コンセプト」と「ストーリー」を設定して、すべての制作物を統合していく。空間も、演出も、運営も、映像やグラフィックや衣装も、キャストやスタッフも。すべてを自分が考えて、つくり出した世界。

自分ならではの「夢の国」をつくることができる。これもイベントの魅力の一つです。

第2部 応用編

「応用編」では、エクスペリエンスプロデューサーの実務に迫ります。エクスペリエンス領域の、特にイベント業務を想定した「企画」「制作」「運営」の3段階に区分し、「総合演出」の視点では、演出の対象となる5つの要素（時間・空間・ソフト・ハード・人）を「企画書」や「構成台本」「運営マニュアル」「実施設計図」などの実務書類を通じて定めていく考え方を、「プロジェクトマネジメント」の視点では、マネジメントの対象となる5つの要素（組織・工程・情報・予算・成果）を管理していく具体的な方法論を説明します。この「応用編」では、エクスペリエンスプロデューサーの具体的な業務内容とその思考法を理解していただくことを目指しています。

第1章 企画段階

企画段階は、イベント成功の基礎を築く非常に重要なフェーズであり、「企画書」をもとにクライアントと制作者（＝プロデュースチーム）が共通認識を構築する段階です。この段階での合意形成が、エクスペリエンスの方向性やプロジェクト全体の進行における指針となります。企画書には通常、「エクスペリエンス」の内容に関わる事柄と、「プロジェクト」の推進方法に関わる事柄の2つが含まれます。

エクスペリエンスの内容に関わる事柄は、イベントや体験がどのような「意図」や「ストーリー」に基づいて構成され、どのような価値を提供するかによって決まります。この部分は「総合演出」の視点から策定され、参加者がどのような場面を通じて感動（心を動かすこと）を得るのか、具体的な演出プランが示されます。イベント全体のコンセプトやテーマ、体験の流れを明確にすることで、企画の根幹となるエクスペリエンスが共有されます。

プロジェクトの推進方法に関わる事柄は、プロジェクトが円滑に進行し、予定通りの成果を生み出すための計画に関する項目です。この部分は「プロジェクトマネジメント」の視点から策定され、特にプロジェクトの推進方法に関する共有認識を形成します。具体的には、どのような会議体を設定し、どのようなスケジュールで推進するかが示されます。

こうして、企画書には「総合演出」と「プロジェクトマネジメント」の両面がバランスよく組み込まれます。これにより、主催者と制作者の間でイベントの意図と実行計画が明確になり、この後に続く、制作段階、運営段階において迷いが生じることを防ぎます。企画段階での緻密な共通認識の形成が、後のすべての工程における土台となり、イベントのスムーズな進行と成功につながるのです。

1——総合演出の視点

❶「ストーリー」と「世界観（＝時間×空間）」をつくる

総合演出の視点において、エクスペリエンスの「企画」とは、「ストーリー」と「世界観

（＝時間×空間）」をつくることです。少しブレイクダウンすると「ストーリー」とそのストーリーが展開される「時間」と「空間」をつくることになります。

エクスペリエンスにおける「ストーリー」は映画や演劇とは異なり、参加者により異なる時間軸、空間上で体験されます。エクスペリエンスにおける「時間」と「空間」は、「ストーリー」の表現上、最も重要な概念であり、企画要素になります。

「時間」は、イベントの流れや展開を決定するもので、「プログラム」によって設定されます。プログラムはステージイベントやシアター、ワークショップ、講演など、各体験がどのような順序とタイミングで進行するかを示す要素です。時間の流れに沿ってストーリーが展開することで、参加者はストーリーの始まりから終わりまでを通じて一連の体験をし、気づきや感動を得ることができます。

「空間」は、イベントの物理的な場を定義し、参加者がどのようにその世界を移動し、探索するかを決めるものです。これは「ゾーニング図」と「空間デザイン」によって具体化されます。「ゾーニング図」はプログラムやゾーン、コンテンツがどのように空間上に配置されるかを示し、参加者がストーリーに沿って進むためのルートを提供します。「空間デザイン」は、各ゾーンやコーナーのデザインによってエクスペリエンスの世界観を創出し、ストーリーの一部として空間全体がメッセージ性を持つようにします。

このように、総合演出では、「ストーリー」とそれを展開する「時間」と「空間」でエクスペリエンスを企画することが求められます。ここからは「ストーリー」「時間」「空間」の順に、具体的な手順と考え方を説明します。

❷「ストーリー」をつくる

エクスペリエンスにおける「ストーリー」をつくることとは、参加者が体験から得る気づきや感動、変化の「過程」を設計することです。エクスペリエンスの「ストーリー」は、エクスペリエンス施策の「コンセプト」と表裏一体の関係にあり、「コンセプト」が明確であるほど、「ストーリー」も力強く、効果的なものとなります。

「コンセプト」の設定

「コンセプト」は「誰に」「何を」「どのように」の3要素で構成されます。これを設定することで、施策の方向性が明確になり、「ストーリー」の3要素（発端・過程・結末）も形づくられます。

誰に　「誰に体験してほしいか？」を考え、ターゲットを設定します。イベントでは、ターゲットと参加者が一致することが理想的です。この明確なターゲット設定が、ストーリーの「発端」の主人公像を形づくる基盤となります。

何を　「何を伝えたいか？」というメッセージやテイクアウェイ（持ち帰ってほしい情報）の設定です。イベントでは、メッセージがテーマとして掲げられることが多く、これが参加者にとっての「変化」の方向性を示します。このメッセージは、参加者がストーリーの「結末」でどのような気づきや感動を得るべきかを決定づけます。

どのように　「どのように参加者がメッセージを信じ、受け入れるか」というサポートやトーン&マナーです。これには、展示物や情報、ホスピタリティや空間デザインなどが含まれます。こうしたサポートやトーン&マナーはストーリー参加者が進むべき「過程」を設定します。

「コンセプト」は3元方程式

コンセプトの「誰に」「何を」「どのように」という3つの要素は相互に影響し合いながら決まります。「どのように」は、「誰に」と「何を」によって方向が定まる一方で、その設定が「誰に」と「何を」に影響し、全体を限定することもあります。イベントにおいては、「誰に」と「何を」が先に決定している場合がほとんどです。そのため、それらに最も適した「どのように」を見つけることが、効果的なコンセプトを策定する鍵となります。

「コンセプト」と「コンセプトワード」

コンセプトは、しばしばキャッチコピー化されて「コンセプトワード」として一言で表現されることがあります。これは、特に競合プレゼンなどで端的に企画を伝えるために有効です。ただし、コンセプトをコンセプトワードとして一言にまとめる場合でも「誰に」「何を」「どのように」の3要素が明確にイメージできることが不可欠です。例えば、「どのように」を工夫し、それを軸にした短い表現を「コンセプトワード」とすることでコンセプトがより明確になることもあります。

「コンセプト」から「ストーリー」への変換

「コンセプト」が決まったら「ストーリー」に変換します。「誰に」を「発端」に、「何を」を「結末」に、「どのように」を「過程」に変換することで、ストーリーができあがります。以下に手順と注意点を記します。

❶「誰に」を「発端」に変換する際には、参加者が置かれている環境を考える。

参加者は何を考え、何を求め、何を課題にしているのか。これが「過程」に引き込む手法や、「結末」とのギャップを埋める「過程」の要素を決めるヒントになります。

❷「何を」を「結末」に変換する際には、参加者にとってのメリットを考える。

参加者がその結末にたどり着くことで、どのようなメリットを享受できるのか。これもやはり「過程」に引き込む手法や「過程」の要素を決めるヒントになります。

❸「どのように」を「過程」に変換する際には、より詳細に、具体的にしていく。

またその際には、「発端」と「結末」のギャップを埋めていく意識や「発端」から「結末」に向かうメリットを明確に示す意識が必要です。

プロットポイント

ストーリーの中には、いくつかの「プロットポイント」が設定されます。プロットポイントとは参加者に何らかの新しい視点や感情の変化をもたらすことでストーリーを進める転換点です。参加者が「発端」から「過程」、「過程」から「結末」へと進むためには最低でも2つのプロットポイントが必要となります。

エクスペリエンスのストーリーは、単に一方的に進行するのではなく、参加者との相互作用を通じて展開されます。相互作用の中で、参加者は変化をしながら、最終的に用意された「結末」の方向に向かいます。プロットポイントはそのような「変化」を与え、参加者が自ら主人公として歩むエクスペリエンスの「過程」をつくります。

こうして、「コンセプト」から「ストーリー」そして「プロットポイント」と詳細まで考え抜かれたエクスペリエンスは、単なる情報提供あるいはエンターテインメントであることを超えて、参加者にとって意味深い、体験を通じた変化を提供することができるようになります。

❸「世界観（＝時間×空間）」をつくる

「ストーリー」ができたら今度はそれを「世界観（時間×空間）」として具現化します。「世界観（＝時間×空間）」とは「主人公」である参加者から見た世界のあり様のことで、ここにストーリーの要素がしっかりと落とし込まれていることで、参加者が自分のペースでストーリーを紡ぎ、思い思いのプロセスを通して体験できるようになります。

そこで重要になるのが「プログラム」と「コンテンツ」という概念です。「世界観（＝時間×空間）」をつくる基礎となる「プログラム」と「コンテンツ」から話を始めていきます。

「プログラム」と「コンテンツ」

「プログラム」と「コンテンツ」は、イベントやエクスペリエンスの「ストーリー」を支える重要な構成要素であり、参加者が「時間」や「空間」を通じてストーリーに没入できるよう計画されます。これらを理解し、適切な手法を選ぶことが、エクスペリエンスプロデューサーの企画段階における重要な役割です。

「プログラム」は、ストーリーを「時間」軸に沿って展開するもので、タイムテーブルを持つことが特徴です。本書では、時間の流れに沿って展開される「プログラム」と、時間に依存せず随時参加可能な「コンテンツ」を区別して扱います。「プログラム」は、各種の展開スペースや内容に応じて以下のような形式に分類されます。

ステージプログラム　オープンな空間で行われるパフォーマンスやショーで、参加者の注目を集めるプログラムです。視覚的・聴覚的なインパクトが強く、エクスペリエンスのハイライトとなる場面を創出します。

シアタープログラム　クローズドな空間で行われるパフォーマンスやショーで、参加者をストーリーの世界に引き込むプログラムです。暗闇で集中できる空間が没入感を高め、深いメッセージ性や感情に訴えかける体験の提供が可能です。

講演プログラム　比較的大きな会場で行われる講演やプレゼンテーションで、知識や情報を共有するプログラムです。専門家の視点や体験談などを通して、ブランドやテーマについての理解を深めます。

セミナープログラム　講演プログラムよりは少人数で開催されるセッションやワークショップなど、参加者と講師の距離が物理的にも心理的にも近い状態で行われるプログラムです。記憶に残りやすく、知識や技術を実践的に身につけられる場として機能します。

映像プログラム　大型映像装置などを使用した映像によって、視覚的にメッセージを伝えるプログラムです。ビジュアルによる強い訴求力があり、ブランドやテーマのイメージを短時間で伝えられます。

一方「コンテンツ」は、ストーリーを構成する最小単位であり、映画や演劇における「シーン」に相当します。展示コンテンツや体験コンテンツ、展示装飾など、参加者が実際に接して感じ取ることができる要素はすべてコンテンツと考えます。コンテンツにはさまざまな表現手法があり、役割に応じて以下のように分類されます。

展示コンテンツ　参加者が観覧する形式で提供されるコンテンツで、「展示（ディスプレイ）」と「体験（タッチ&トライ）」の2つの形式があります。「展示（ディスプレイ）」は静的な展示物を通じて、視覚的にメッセージを伝えます。「体験（タッチ&トライ）」は参加者が実際に体験できる展示で、製品を触ったり試したりできるため、深い理解が得られます。

ホスピタリティコンテンツ 参加者に何らかのサービスを提供するコンテンツです。「受付」「インフォメーション」「誘導」「ケータリング」「ギブアウェイ」などが含まれ、参加者が楽しく快適に過ごせるようサポートします。

サイン・グラフィック・展示装飾 視覚的にストーリーを補完するとともに、空間の統一感をつくり出すコンテンツです。「サイン」は会場の案内表示として機能し、参加者が目的の場所に迷わずたどり着けるようにします。「グラフィック」や「展示装飾」は情報やイメージを補完したりするなど、さまざまな目的で設置されます。

「展示／演出手法」の選択

「プログラム」や「コンテンツ」にどのような手法を用いるかは、それぞれの役割や伝えたい内容によって異なります。以下のポイントを考慮して手法を選び、エクスペリエンス全体を企画します。

役割 それぞれの「プログラム」「コンテンツ」がプロットポイントなのか否か？プロットポ

イントだとすると、どのような役割を担うのか？などを明確にします。例えば、参加者の関心を引きたい場合はインパクトのある演出／展示手法が求められ、態度変容を促したい場合は説得力または情緒に訴える演出／展示手法など「訴求内容」に合わせた手法を選択します。

訴求内容 「プログラム」や「コンテンツ」が伝える内容が「情報」か「イメージ」かによって、手法が異なります。情報を伝える場合は、プレゼンテーションやパネル展示など情報を整理して提示する形式が有効です。一方、イメージを訴求したい場合はグラフィックや装飾など視覚的に強いインパクトを持たせたり、空間的な統一感を持たせたりする表現手法が有効です。

展開スペース 「プログラム」や「コンテンツ」をどこで展開するかも手法の選択に影響します。ステージであればパフォーマンスやショー、シアターであれば映像や演劇、展示ゾーンであれば静的なパネル展示や装飾展示などが適しています。

優先事項（わかりやすさ vs. 新規性） 参加者の理解を優先するか、驚きや新しさを優先するかも重要な判断材料です。参加者の理解を優先するのであればプレゼンテーションやパネル展示が有効で、驚きや新しさを優先するのであればユニークな演出や最新技術を取り入れた手法が求められます。

以上のように、「プログラム」と「コンテンツ」の手法を考えることは、イベントの企画において極めて重要なことです。参加者の興味を引き、メッセージを的確に届けるために、役割や内容、展開スペース、優先事項を総合的に勘案して最適な手法を選択します。これらを丁寧に計画することで、参加者が狙い通りのストーリーを体験してくれるようになります。

グルーピング

「プログラム」と「コンテンツ」を設定したら、次は「グルーピング」をします。「グルーピング」とは、「プログラム」や「コンテンツ」を機能やテーマに分けてグループをつくることです。このグループを「ゾーン」と呼びます。「プログラム」や「コンテンツ」を一貫したテーマで分類した「ゾーン」をつくり、体験の流れをつくり出すことで、参加者がその空間で何が期待できるのかを直感的に理解できるようにします。

例えば、展示ゾーン、体験ゾーン、ホスピタリティゾーンといった役割を示す名称を付ければ、参加者がその場所でどのような体験ができるのかを理解できます。また、ビジネスゾーン、ライフゾーン、ソーシャルゾーンなどテーマを示す名称を付ければ、空間全体として伝えたいメッセージを参加者に伝えることもできます。

このように、各ゾーンには、テーマに合わせた名称を掲げることを推奨します。ゾーン名称を参加者が目にしただけで、そのゾーンがどのような目的や体験を提供するのかが理解できるようにします。また逆に、同じコンテンツであっても、グルーピングの仕方によって異なるテーマやメッセージを伝えることができます。

グルーピングを効果的に行うことによりエクスペリエンス全体のメッセージを表現し、参加者がストーリーの流れに沿って体験することが進めやすくなります。

動線

グルーピングが決まったら、次は「動線」を考えます。「動線」とは、参加者が空間内でどのように移動するかを計画することです。適切な動線設計は、参加者が迷わずに会場を巡り、各ゾーンで意図した体験を得られるようにするために不可欠です。動線は大きく「外部動線」と「内部動線」の2つに分かれ、それぞれ異なる視点から計画します。

外部動線とは、会場外から会場内への動線を指します。これは参加者がどこから入場し、どのゾーンで体験を開始するかを決定する要素です。参加者が入場する時点で興味を引き、スムーズに内部動線へと移行できるよう工夫します。外部動線は、次のポイントを考慮します。

メイン動線とサブ動線

メイン動線は、最も多くの参加者が通る動線であり、サブ動線はメイン動線よりは数が劣るものの、ある程度の参加者が通ることが見込める動線です。一般的にはメイン動線を内部動線の「起点」として設定しますが、サブ動線はメイン動線とは異なる参加者層や目的来場が見込める可能性もあるため内部動線との「接点」のつくり方を検討します。

動線の質　外部動線では特にその動線の先に何があるのか、参加者の興味や期待を考慮し、適切に引き込む工夫をします。例えば、その先にある展示物との親和性を考慮することで、より興味を引きやすい展示コンテンツや体験コンテンツを動線との接点に配置し、参加者が自然と内部動線に導かれるようにします。

一方、内部動線は、会場内の移動経路を指し、参加者が空間内でどのような順序でゾーンを巡るかを計画するものです。内部動線には以下の3つの種類があり、「ストーリー」に応じて設定します。

強制動線　参加者全員が同じ順序で各ゾーンを巡る動線です。例えば、特定のストーリーを順番に体験してほしい場合に有効で、連続的で一貫した流れが創出できます。

自由動線　参加者が各自の興味に応じて自由にゾーンを巡る動線です。多様なテーマや体験が選択肢として並び、参加者が自分のペースで選びながら体験できます。

半強制動線 ある程度の順序を意識しながらも、自由度を持たせた動線です。体験の流れを誘導しつつも、いくつかのポイントでは参加者の選択を尊重します。

ゾーニング図

「グルーピング」と「動線」が決まったら、それを「ゾーニング図」として整理します。「ゾーニング図」は、ここまで説明してきた「プログラム」と「コンテンツ」を「グルーピング」と「動線」に沿って配置することで、参加者が実際にイベント会場でどのように体験を進めていくのかを可視化するものです。ここで注意を要するのが「動線」とグルーピングされた「ゾーン」の関係です。

実は「動線」の種類によって、求められる「ゾーン」も変わります。例えば、強制動線を採用する場合、ゾーンを連続的に配置し、関連性の高いコンテンツを順に見せることで、ストーリーが一貫して伝わるようにします。この場合、「連続性」を持たせたゾーンの配置が効果的です。

一方で、自由動線を採用する場合は、参加者が好きな順番で体験できるよう「一覧性」を重視したゾーンの配置を行います。この場合は、各ゾーンが独立しながらも多様な体験を提供し、参加者が空間全体を自由に楽しめるように配慮します。

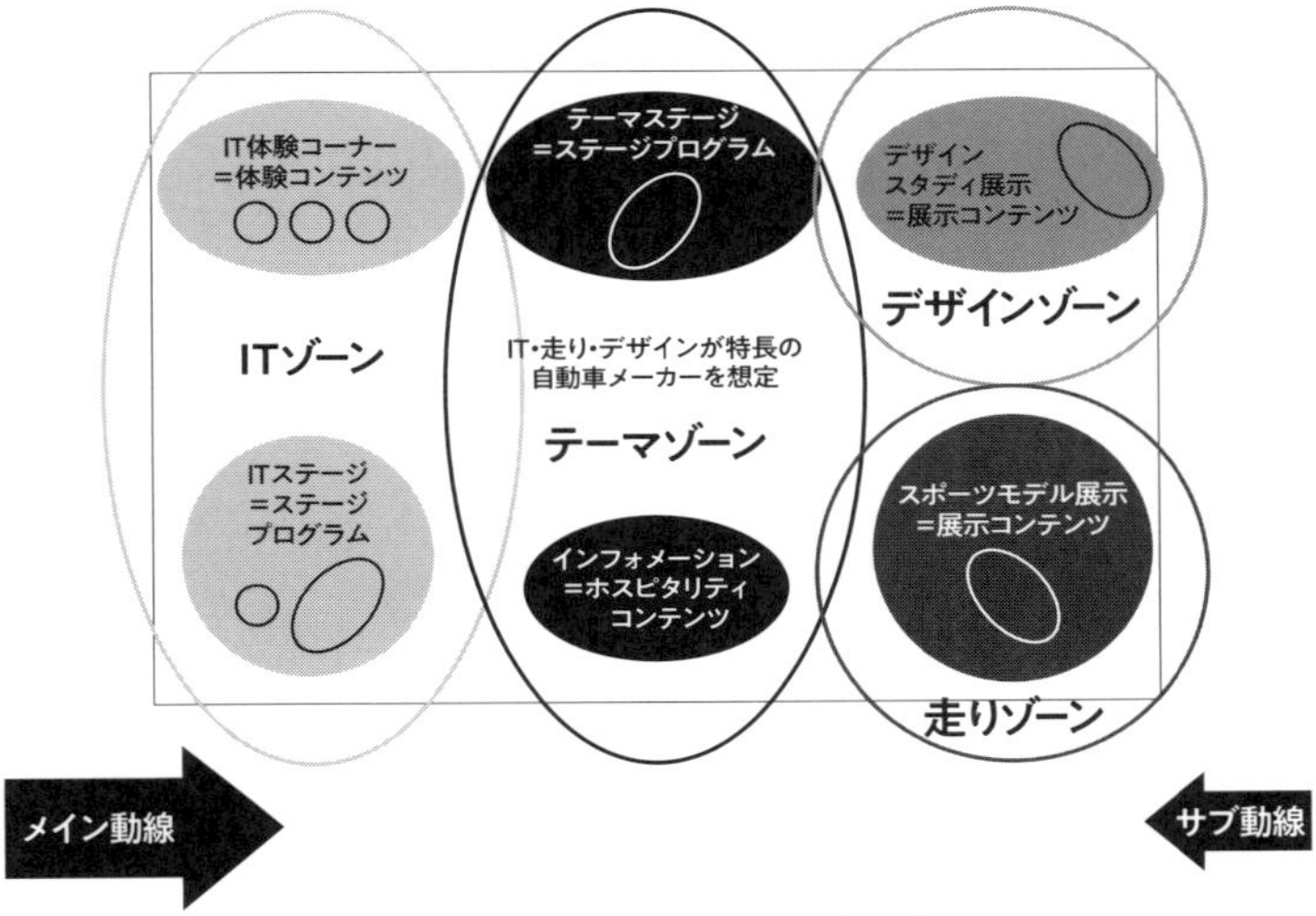

ゾーニング図例　機能やテーマに分けてグルーピングし、それぞれのゾーンをつくる。

「ゾーニング図」を作成する際は、グルーピングと動線を適切に計画し、参加者が自然な流れでストーリーを体験できる空間を構築することが重要です。各ゾーンにはテーマやメッセージを持たせ、動線は参加者の興味を引きながら次の体験に誘導できるよう工夫を凝らします。グルーピングと動線が一体となったゾーニング図によって、参加者が一貫した世界観の中でエクスペリエンスを楽しむことが可能になります。

空間デザイン

「ゾーニング図」ができたら、最後に「空間デザイン」を考えます。空間デザインはストーリーの「世界観（＝時間×空間）」を実際の空間として具現化するための工程です。参加者が体験に没入できる場を構築するためには、単なる装飾にとどまらず、空間全体の調和を保ち、各要素が一貫したテーマを表現する必要があります。空間デザインを考える上では「平面→立面」、「機能性→デザイン性」という順番を意識しながら、「ゾーニング図」を立体的な空間につくり上げていきます。

空間デザインのプロセスでは、まずグルーピングや動線の意図を踏まえながらゾーニング図を「平面図」に変換するところから始めます。この際、プログラムやコンテンツに必要な要素（サイン、グラフィック、映像装置、音響・照明など）や空間（動線、滞留スペース、バックヤード、控室など）も考慮しながら落とし込んでいきます。

空間デザインにおいて重要なのは、プログラムやコンテンツがストーリーに沿った体験を提供できるような「機能性」を持つことです。この「機能性」と「デザイン性」の両立を考えながら空間デザインを進めていくことが重要です。

「平面図」が固まったら、いよいよ「上物《うわもの》」のデザインを考えていきます。「上物」のデザインを検討していく際には「ヴィジュアルアイデンティティ（ＶＩ）システム」の考え方を取り入れると効果的です。ＶＩシステムとは、企業やブランドのイメージを視覚的に統一し、一貫したメッセージを伝えるための仕組みや規範を指します。ＶＩシステムでは、ブランドの一貫した意味や目的を持ってデザイン要素が組み合わされ、全体として一貫性を保つことが求められます。

空間デザインでは、イベント全体としての統一感を保ちながらも、各「プログラム」や「コンテンツ」の独自性を示す必要があります。これは、ちょうどサブブランドを展開するブランドのＶＩシステムのようなものです。イベント全体のＶＩと個別のプログラム・コンテンツのＶＩの整合性を取ることができれば、イベント全体の一貫性が確保されます。

そこでまず、イベント全体のイメージを統一するために、ＶＩの方針を策定します。これはイベント全体が一つの「世界」として成立するように、フォルムやモチーフ、カラーリングやフォントなどを一貫させることです。例えば、ブランドのテーマカラーを基調にしたカラーリングを施すことで、参加者がどのエリアにいてもイベント全体の一体感を感じられるようにします。

ＶＩ方針を策定する上でのよりどころになるのは、イベント全体の「ストーリー」と、そのもとになった「コンセプト」です。特に「コンセプト」の「どのように」つまり「トーン＆マナー」は、立体デザインにもそのまま当てはまります。多くの場合、ここには企業やブランドのアイデンティティが組み込まれているからです。

次に、プログラムやコンテンツごとに独自のデザイン要素を取り入れることで、個別の体験を際立たせます。それぞれのプログラムやコンテンツが異なるメッセージを伝える場合は、そのテーマや目的に応じたデザインを採用し、サブブランドのように表現することで、参加者にとって記憶に残る体験を生み出すことができます。例えば、フォルムやモチーフはそのままでもカラーリングを変えてみるだけでテーマの違いを表現することができます。

「空間デザイン」は、単なる装飾を超えて、参加者が没入できる「世界観（=時間×空間）」を構築するための基盤です。エクスペリエンス全体を統一するためのVIシステムを構築し、イベント全体の一貫性と各プログラムやコンテンツの独自性とを両立させることで、参加者に印象深い体験を提供することができます。

エクスペリエンスプロデューサーの役割は、このようにして参加者が「ストーリー」の世界に没入して体験できる「世界観（=時間×空間）」を「時間」と「空間」を駆使してつくり上げることです。

2――プロジェクトマネジメントの視点

❶「会議体」と「全体スケジュール」をつくる

プロジェクトマネジメントの視点から見て、イベントの企画段階で最も重要なのは、プロジェクトを円滑に推進するための「枠組み」をつくること。具体的には、「会議体」と「全体スケジュール」を関係者と共有することです。これにより、プロジェクトを円滑に推進する基盤が整います。

「会議体」とは、目的に応じて招集される会議や集まりを指し、プロジェクトの目標を達成するために構成された集団です。会議体は、必要なメンバーがその時々の目的に応じて集まることで、柔軟かつ効率的にプロジェクトを推進します。このような会議体を設置することで、イベント運営に必要な各方面の知識や技術が集約され、組織全体が一貫して目的に向かって進むことが可能になります。

「全体スケジュール」とは、企画から実施までのプロジェクトの全体の「工程」を把握するためのものです。エクスペリエンス領域業務の特にイベントにおける「工程」の特徴は、段階的に進められると同時に、管理すべき項目や関係者が非常に多岐にわたることです。工程の進行には各関係者が持ち場での準備を滞りなく進められるように、適切に段階を分け、タスクや期限を明確にして、関係者全員で共有することが求められます。

❷「会議体」をつくる

エクスペリエンス領域業務の特にイベントにおける「組織」の特徴は、その「可変性」にあります。クライアントと制作者（＝プロデュースチーム）という基本的な主体の関係は変わりませんが、実際のプロジェクトでは、クライアント側には主幹部門の他、商品担当や営業担当、広報担当などさまざまな関係者が関与し、制作者側には会場設営担当、演出進行担当、会場運営担当など多くの専門チームが参加します。

このように、イベント業務の組織はプロジェクトの進行やフェーズに応じて変化し、柔軟な構成が求められます。「組織」は「会議体」として捉えることが効果的です。

そこで、企画段階での最も重要な作業は、プロジェクトの進行に必要な会議体を適切に設定し、各会議の役割とメンバーを明確にすることです。

これにより、プロジェクトに関わるすべての関係者がスムーズに連携し、共通認識を持って進行するための基盤が整います。

それではここからは「会議体」をつくる具体的な手順をご説明します。

全体定例会議

まず初めに検討するのは「全体定例会議」です。「全体定例会議」とはプロジェクトの中核となるものであり、実務の責任者が集まる重要な会議体です。全体定例会議のメンバーには、クライアント側と制作者（＝プロデューススチーム）側の主要メンバーが含まれます。全体定例会議は、プロジェクトの進捗や重要な決定事項を共有・確認する場であり、メンバー選定がプロジェクトの成功に大きく影響します。

「主幹部門」と「制作／運営事務局」

「全体定例会議」の構成メンバーには、クライアント側と制作者（＝プロデューススチーム）側の主要なメンバーが参加します。

クライアント側は、そのイベントを主管する主幹部門の責任者と担当者の他、マーケティングや広報の担当者が参加するのが一般的です。場合によっては、商品担当者や営業担当者が加わることもあります。

制作者（＝プロデューステーム）側は、プロジェクト全体の制作や運営に関わる主要メンバーが参加します。通常は広告会社や総合制作会社のプロデューステームが主体となりますが、専門制作会社や運営会社のメンバーが含まれることもあります。

事前定例会議

「全体定例会議」の日程を定めたら、次に「事前定例会議」の日程を決めます。

「事前定例会議」は、全体定例会議に提出する資料の確認・調整をするための会議体で、通常は全体定例会議の2日前に設定します。制作／運営事務局の主要メンバーと、提出資料に関連する専門制作会社や運営会社の担当者が参加します。

事前定例会議では、会場設営や運営、ステージ演出など、専門分野ごとの担当者が集まり、資料や計画内容の整合性を確認します。企画段階ではプランナーやデザイナーが、制作段階では施工会社や運営会社が中心となり、それぞれの段階で異なる専門知識が必要とされるため、関係者の入れ替えや調整がスムーズに行われる会議体の設定が求められます。

「商品担当者会議（説明会）」と「営業担当者会議（説明会）」

「全体定例会議」と「事前定例会議」の日程を設定したら、次は「商品担当者会議（説明会）」

と「営業担当者会議（説明会）」を設定します。これによりイベントのさまざまな関与者を巻き込んだ、企画・制作・運営を実現します。

「商品担当者会議（説明会）」は、展示会などで展示物を出品する担当者を対象とした会議です。ここでは、商品部門に事前の情報提供を求めたり、現場への搬入・設置の手順を共有したり、本番中の商品説明員の参加依頼を行います。

「営業担当者会議（説明会）」は、参加者の招待活動や当日のアテンドを担当する営業担当者との会議です。この場で、招待状の発送や来場見込みの確認、当日の参加者の接遇体制を確認し、効果的な招待活動と接遇対応を実現します。また、企画段階から招待者の事情をよく知る営業担当者の意見を吸い上げることで、顧客満足度の高いイベント企画をすることが可能になります。

分科会

「分科会」は、必要に応じて開催される、専門分野に特化した会議体です。しかしながら、「広報」や「会場設営」など、慣例的に想定される分科会は、定例会議と同様にあらかじめ日程を調整しておくと効率よく準備が進められます。分科会では、クライアント側の関連部署や、制作者（＝プロデューステーム）側の専門担当者が集まり、分野ごとの詳細な計画や課題について検討します。

「広報分科会」では、クライアント側の広報担当者と、制作者（＝プロデューステーム）側の広報担当者が中心となり、イベントの広報活動に関する計画を立案し、メディアへの露出やPR戦略についての方向性を決定します。必要に応じて、クリエイティブ、ウェブ、メディア、PRなどの専門家を招集します。

「会場設営分科会」では、クライアント側の設営担当者と、制作者（＝プロデューステーム）側の設営担当者が中心となり、会場の設営に関する詳細な計画を立案し、空間デザインや設営スケジュールを調整します。必要に応じて、空間デザイナー、照明プランナー、特殊輸送の専門家などを招集します。

「全体定例会議」と各種「専門会議体」の連携

こうした「全体定例会議」から「分科会」に至る「会議体」の設定は、プロジェクトマネジメントにおける重要な作業であり、プロジェクトの成否を左右する要素です。核となる全体定例会議を中心に、事前定例会議、商品担当者会議、営業担当者会議、分科会といったさまざまな会議体を組織し、それぞれの役割とメンバーを明確にすることで、プロジェクトの円滑な進行が可能になります。

❸「全体スケジュール」をつくる

「全体スケジュール」は、企画から実施までのプロジェクトの全体の「工程」を把握するためのものです。エクスペリエンス領域業務の特にイベントにおける「工程」の特徴は、段階的に進められると同時に、管理すべき項目や関係者が非常に多岐にわたることです。工程の進行には各関係者が持ち場での準備を滞りなく進められるように、適切に段階を分け、タスクや期限を明確にして、関係者全員で共有することが求められます。

それではここからは「全体スケジュール」をつくる具体的な手順をご説明します。

プロジェクトを「3〜4段階」に区分する

まず初めに、プロジェクトの大まかな流れを4つまたは3つの段階に分けます。「基本企画」

「基本計画」「実施計画」「制作／製作」の4段階、または「基本企画」と「基本計画」を併せた「基本企画／計画」「実施計画」「制作／製作」の3段階です。4段階か3段階かはプロジェクトの規模と決済の方法で判断すると良いでしょう。大規模かつ実施に向けた決済を要する場合には4段階、中規模以下である程度実施が決まっている場合には3段階が一般的だと思います。

「マイルストーン」を設定する

同時に、クライアントの「意思決定プロセス」を確認します。例えば、主催者が1回／月の幹部会で重要な意思決定を行う場合、その幹部会に合わせて「基本企画の決定」や「実施計画の決定」といった重要な区切りを設定します。この区切りのことを「マイルストーン」と呼びます。これにより、制作者（＝プロデュースチーム）側の工程がクライアント側の意思決定に適切に合わせられるため、プロジェクトの進行が滞ることなくスムーズに進みます。

「マイルストーン」の「タスク」を具体化する

プロジェクトの「段階」分けができて、「マイルストーン」が設定できたら、それぞれの段階で必要なタスクをリストアップします。ここでは「基本企画／計画」「実施計画」「制作／製作」の3段階に区分した前提で進めます。

例えば、「基本企画／計画」の段階では「基本デザイン（平面図・立面図・パース）」「展示企画（展示コンテンツ）」「ステージ企画（ステージプログラム）」「運営企画（ホスピタリティコンテンツ）」「概算見積もり」などのタスクが含まれます。

そして、各タスクに対して、先に設定したマイルストーンまでに提出できるように、各担当者がそれぞれの役割を認識できるようにします。

「全体定例会議」を軸に「提案→決定」のスケジュールを設定する

各段階の「タスク」が明確になったら、今度はそれを、「全体定例会議」に合わせて提案→修正→確認のスケジュールに落とし込みます。

まず「全体定例会議」の頻度を検討します。企画段階では2週に1回程度、制作段階では1週に1回程度のペースで定例会議を開催するのが一般的です。その上で「提案」→「戻し」→「修正」→「再提案」→「決定」と適切な時間を確保できるようなスケジュールを設定します。「全体定例会議」では、企画や計画の提案の他、進捗状況や課題の確認、次のステップに向けた調整が行われますので、「全体定例会議」を軸にすることで、プロジェクト全体の進捗が一貫して管理できます。

「商品担当者会議」「営業担当者会議」「分科会」を設定する

クライアント側の「関係組織」との連携もスケジュール設定の際の重要なポイントです。関係組織の役割や関与度合いを確認し、適切なタイミングで情報共有や参加を促します。具体的には「商品担当者会議（説明会）」や「営業担当者会議（説明会）」は、展示準備や招待活動に必要な情報を収集し、また共有する場であるため、各組織でのスケジュールをあらかじめ想定して設定します。

また、「分科会（広報、会場設営など）」はプロジェクトの進行に伴い、特定の段階で必要になることが想定されます。制作工程を立てる段階であらかじめ見込んでおかなければ、思わぬ時間のロスにつながることもありますので注意が必要です。

クライアントの関係組織には、情報提供や制作物の確認、現場での準備、当日の対応など、多様な役割が想定されます。そのため、関係組織との連携はプロジェクトの質を高め、一貫性を保つことにつながります。企画段階から、その役割や関与度合いを確認し、適切なタイミングで情報共有や参加を促すよう、全体スケジュールに組み込むことが重要です。

全体スケジュールの「修正」と「調整」

「全体スケジュール」の「修正」には賛否があります。私は企画段階で作成した全体スケジュールを修正することには否定的な立場を取っています。それはここまで見てきたように関係者及び留意事項が多大であるため、その「調整」に過大な時間と労力がかかるからです。「全体スケジュール」とはそれほどに重要なプロジェクトの「核」となるものなのです。

「全体スケジュール」を適切に設定することで、プロジェクトの進行を計画的に管理し、各関係者が統一した理解のもとでプロジェクトを進められるようになります。「全体定例会議」を中心に据え、主催者の意思決定プロセス、関係組織との連携、専門的な分科会などを組み込んだ全体スケジュールを構築することで、プロジェクトの成功に向けたしっかりとした枠組みが完成します。全体スケジュールの制作と管理はプロジェクトマネージャーとしてのエクスペリエンスプロデューサーにとって最も重要な役割の一つです。

企画段階のまとめ

❶企画段階における「総合演出」とは、「ストーリー」と「世界観（＝時間×空間）」をつくることです。

❷「ストーリー（発端・過程・結末）」は「コンセプト（誰に・何を・どのように）」を変換した上で、「発端→過程」「過程→結末」の2つのプロットポイント（転換点）を設定してつくります。

❸「世界観（＝時間×空間）」は「ストーリー」を「プログラム（時間軸を持つ）」と「コンテンツ（時間軸を持たない）」に具体化して「グルーピング」と「動線」を考慮した「ゾーニング図」に展開し、機能性と象徴性を考慮した「空間デザイン」を施してつくります。

❹企画段階における「プロジェクトマネジメント」とは、プロジェクト全体の「枠組み（＝会議体×全体スケジュール）」をつくることです。

❺「会議体」は「全体定例会議」を核に「商品担当者会議」や「営業担当者会議」「分科会」を設定することで、関係者からの情報収集や合意の形成ができるようにします。

❻「全体スケジュール」はプロジェクト全体を期分けして「マイルストーン」を設定することで、各期間の「タスク」を明確にし、「全体定例会議」を核とする「提案→修正→確認」のサイクルを構築します。

第2章 制作段階

制作段階は、企画段階で定めた「枠組み」に沿って、クライアントを中心とした関係者と合意を形成しながら、「内容」を具体的な形にしていく重要なフェーズです。

この段階は詳細を決定して制作／製作していく段階と位置付けられるため、さまざまな「情報」を収集・整理し、「仕様」と「予算」を決めていくことが求められます。このうち「仕様」を決める視点に総合演出の視点、「情報」と「予算」を管理する視点にプロジェクトマネジメントの視点が求められます。

総合演出の視点から「仕様」を決めるとは、企画段階で定めた「ストーリー」と「世界観（＝時間×空間）」を、「ソフト」と「ハード」の両面から具現化することであり、具体的には「構成台本」「運営マニュアル」「実施設計図」の3点で定めます。

プロジェクトマネジメントの視点から「情報」と「予算」を管理するとは、大きい意味での

「制作／運営事務局」によるプロジェクト推進を示し、具体的には「事務局機能」による「情報」の収集・整理・共有と、「見積もり」の集約・精査をすることを示します。

制作段階は、企画を具現化するためにクライアントを中心とした関係者と合意を形成しながら、詳細を決定していく段階です。総合演出の視点で「構成台本」「運営マニュアル」「実施設計図」を作成し、プロジェクトマネジメントの視点で「情報」と「予算」を集約・管理することで、イベントの成功に必要な基盤を固めます。この段階での正確な管理と調整により、当日のスムーズな運営と参加者への優れたエクスペリエンスの提供が実現されるのです。

1――総合演出の視点

❶「構成台本」「運営マニュアル」「実施設計図」をつくる

総合演出の視点から見た「制作」とは、ストーリーの「ソフト」と「ハード」をつくること。具体的には「構成台本」「運営マニュアル」「実施設計図」をつくることです。これらの資料が揃うことで、エクスペリエンスの対象が具体的になり、運営段階におけるキャストやスタッフの指針が整います。

「ソフト」とは主に「プログラム」と「コンテンツ」の内容を具体的に定義するものであり、「構成台本」と「運営マニュアル」によって定められます。この2つの制作物はクライアントや関係者との共通認識の形成、事前準備物の発注、スタッフやキャストへのオリエンテーションに使用されるもので、「プログラム」と「コンテンツ」に関わるあらゆる要素を網羅します。

「ハード」は、「展示コンテンツ」から会場全体の「空間デザイン」まですべての会場設営物を指し、「実施設計図」によって定められます。「実施設計図」では、会場のレイアウトや設備、各展示コンテンツの配置、空間全体のデザインを詳細に計画し、イベントの物理的な基盤を整えます。

「ソフト」と「ハード」、つまり「構成台本」「運営マニュアル」「実施設計図」は、それぞれ異なる役割を持ちながら、プロジェクトの準備段階で密接に関連しています。制作段階では、これらの資料を通じて、「プログラム」と「コンテンツ」の運営方法や会場設営の詳細を一貫性を持って決定します。


総合演出の視点として重要なのは、「ストーリー」と「世界観（時間×空間）」をもとにして、それをいかにして「ソフト」と「ハード」に展開するかです。

「構成台本」「運営マニュアル」「実施設計図」を通じて、キャストやスタッフが各自の役割を理解し、会場設営物や展示物や備品が必要な場所に準備され、イベント全体が一体となってストーリーを進行できるための基盤をつくることがエクスペリエンスプロデューサーに求められます。

❷「構成台本」をつくる

構成台本は、「プログラム」の進行を支える重要な指針です。ステージプログラム、シアタープログラム、映像プログラムなど、それぞれのタイムテーブルと内容を具体化し、スムーズな進行を可能にします。ここでは、話をわかりやすくするために、特にステージプログラムを例に取り、構成台本のつくり方について説明します。

ステージプログラムにおける構成台本は、事前準備物の発注やスタッフ、キャストへのオリエンテーション資料として使用されます。内容は構成台本の「本編」の他、「企画概要」から「キャストと衣装」「プログラム構成」「リハーサル〜本番スケジュール」までを網羅することで、すべての関係者が同じ理解のもとで進行できるような基盤をつくります。

企画概要

構成台本を手にするスタッフやキャストは、必ずしも企画段階から関わっているわけではありません。そのため、イベント全体のコンセプトやストーリーを共有し、ステージプログラムの目的や意図を理解してもらうことが必要です。企画概要には次のような内容を含め、スタッフやキャストに大きな方向性を伝えます。

コンセプトと訴求メッセージ

イベント全体で掲げているテーマや訴求メッセージについて、簡潔にまとめます。これにより、イベント全体が目指す方向性を関係者全員が理解できます。

その上で、ステージプログラムが具体的にどのようなメッセージを訴求するかについて記載します。ここでの目的や意図が明確になることで、演出や演技が一貫したメッセージを持つようになります。

さらに、ステージで紹介するプロダクトやサービスの概要も含めます。プロダクトやサービスの魅力や特長を伝えるために、どのような内容が重要であるかを明示し、ステージでの表現が一貫性を持つようにします。

スケジュール

ステージプログラムを成功させるためには、リハーサルから本番までのスケジュール管理が重要です。リハーサルから本番までのスケジュールを、以下のように明示します。

リハーサルスケジュールはテクニカルチェックからテクニカルリハーサル、ブロックリハーサル、ランスルーリハーサル、クライアントチェックまですべての工程を漏らさず記載します。そうすることで、全キャストやスタッフが後工程への影響や、最終確認時間を意識することになり責任感が醸成されます。

本番スケジュールは、各日ごとの集合時間、スタンバイ時間のみならず、各日ごとのタイムテーブル、各回のスタンバイ時間、キャスト／スタッフのローテーション表まで詳細に記載します。そうすることで、キャスト／スタッフが迷うことなく各自の仕事に集中できる環境を整えます。

キャストと衣装

キャストがステージでどのような役割を果たし、どのような衣装で登場するかについての詳細を記載します。特に、イベントのテーマに沿った衣装や小道具が必要な場合、それがステージの演出効果を高める要素となるため、詳細な指示が必要です。キャストの選定や衣装の準備によって、ステージ全体の雰囲気が統一され、プログラムのストーリーに沿った体験が提供できるようにします。

エクスペリエンスのストーリーにおいて、キャストは主人公である参加者の「共演者」として重要な役割を担います。その「役割」にはMC、ナレーター、役者、モデル、デモンストレーター、ダンサー、パフォーマーなどがあり、それぞれの役割に合った専門的なスキルや経験が求められます。参加者が体験するエクスペリエンスの一部として、キャストはイベントのメッセージやストーリーの象徴ともなるため、企画段階、そして選定の際にはその役割や位置付けを明確にし、クライアントと関係者及びスタッフやキャストとも共通認識を形成しておくことが重要です。

キャストの「位置付け」には、企業/ブランドの代表、ターゲットの代表、プロダクトの象徴、参加者の代表などがあります。位置付けを早期に明確にしておくことで、キャスティングの段階での基準ができます。

「役割」と「位置付け」を明確にしたキャストの表現がストーリーの一貫性を保ち、参加者に対しても効果的なメッセージを届けることを可能にします。

それぞれが異なる専門性と表現方法を求められるため、企画段階から起用方法を具体的に決めておくことで、後のキャスティングがスムーズになります。

キャストの「役割」と「位置付け」を明確にした後、その共通認識を深めるためにも「衣装」を先行して検討します。「衣装」はキャストよりもイメージを具現化しやすいため共通認識を得やすいからです。

衣装の方向性は、キャストの「役割」と「位置付け」がそのまま適用されます。「役割」がナレーターかモデルか、ダンサーかでは求められる機能もイメージも異なりますし、「位置付け」が企業／ブランドの代表か、ターゲットの代表か、プロダクトの象徴か、参加者の代表か、では表現するテーマやモチーフが異なります。アクセサリーや小道具に至るまで、一貫した表現ができれば、効果的なメッセージ訴求につながります。

プログラム構成

「プログラム構成」では、プレゼンテーションやパフォーマンスといった本編だけでなく、参加者の注目を集めたり、期待感を高めたりするための演出を組み込みます。これには、カウントダウン、オープニング、オフライブなどの要素が含まれます。これらの要素を組み合わせて、参加者にとってわかりやすく、心地良いテンポで進行するパッケージを構築します。

例えば、20分間のステージプログラムの場合、カウントダウン：3分→オープニング：1分→本編（プレゼンテーション）：8分→オフライブ：8分という構成が考えられます。

時間を意識し、参加者の集中力が途切れないようにすることが大切です。ステージプログラムの場合で6〜8分、映像プログラムの場合は1〜2分程度でメッセージを伝えられるよう、内容をコンパクトにまとめる必要があります。以下、それぞれの要素について詳しく解説します。

カウントダウン

カウントダウンは、ステージに視線を集め、参加者に「これから何かが始まる」という期待感を高めるためのものです。一般的にはステージ開始の3分前から行い、通行中の参加者を立ち止まらせるきっかけとして活用されます。

内容としては、視覚的なカウントダウン表示や軽快な音楽を流すことで、雰囲気を盛り上げ、次のオープニングに向けて期待感を醸成します。

オープニング

オープニングは、本編の開始を示し、ステージプログラムの目的やテーマを端的に伝える演出です。カウントダウンと連動して注目を高め、本編へのスムーズな移行を助けます。

オープニングでは「テーマ映像」を上映することがよくあります。「テーマ映像」はステージプログラムだけでなく、他のプログラムやコンテンツでも繰り返し上映することで、イベント全体に統一感を与える効果があります。

オフライブ

オフライブは、本編の前後やプログラムの合間に設ける演出で、イベントの流れにゆとりを与える役割を持ちます。展示会や商談イベントでは、参加者が展示物を観覧したり、商談に集中できる時間として、控えめな音響やビジュアルで環境を整えます。

内容としては、ＣＭやプロモーション映像など既存の映像を編集して上映するのが一般的ですが、加えてステージプログラムや展示コンテンツのインフォメーションや、四季の風景や時間の移り変わりを表現したオリジナル映像で環境演出を行うこともあります。

プログラム構成のまとめ

ステージプログラムの構成では、メインとなる本編の他に、カウントダウン、オープニング、オフライブといった要素を組み合わせて、参加者にとって楽しく流れがある時間を演出します。特に、ステージ開始前のカウントダウンやオープニング映像で参加者の興味を引き、オフライブで程良い余韻を与えることで、全体のプログラム構成にメリハリが生まれます。こうした演出により、ステージプログラムは単なる情報提供を超え、参加者に一体感や深い印象を残すエクスペリエンスとなります。

ステージプログラムの本編

ステージプログラムの本編は、イベントのメインメッセージを伝えるための重要な部分です。プレゼンテーション、デモンストレーション、パフォーマンスなど、さまざまな形式を用い、シナリオやキャストの動き、舞台装置、音響、照明、映像といった多様な要素を組み合わせて、参加者に強い印象を与えます。ここでは、本編における各要素の具体的な役割とその構成方法について詳しく解説します。

シナリオ

シナリオはステージプログラム本編の「核」となるものであり、キャストの動きや映像、音響、照明など、すべての演出要素がこのシナリオに従って進行します。シナリオにはタイミングや間《ま》までも記載し、演出に関わるすべてのメンバーがイメージを共有できるようにします。

ステージプログラムのシナリオは、参加者が一度しか見ないことを前提に、わかりやすく構成します。シナリオの構成法には、ストーリー法（発端・過程・結末）、SDS法（要約・詳細・要約）、PREP法（ポイント・理由・例・ポイント）、DESC法（描写・説明・提案・選択）、起承転結法などが

名称	特長	構成
ストーリー法	興味を最後まで引き付けるプレゼン手法。	発端：テーマや問題を提起。 過程：問題解決の過程を説明。 結末：成果や次のアクションを提示。
SDS法	簡潔にメッセージを伝えるプレゼン手法。	要約：全体像や結論を簡潔に説明。 詳細：要約を補足する形で背景や詳細を説明。 要約：再度簡潔に要点を伝えて次のアクションを提示。
PREP法	論理的で説得力のあるプレゼン手法。	ポイント：結論を最初に説明。 理由：結論に至った理由を説明。 例：理由を補足する例を提示。 ポイント：再度結論を説明して次のアクションを提示。
DESC法	問題解決に特化したプレゼン手法。	描写：現状と課題を客観的に説明。 説明：問題の背景と影響を解説。 提案：解決策を提案。 選択：メリットや他の選択肢と比較して決断を促進。
起承転結法	漢詩や日本の伝統的な物語の構成法を応用したプレゼン手法。	起：テーマや問題を提起。 承：テーマや問題を受けて詳細に展開。 転：新しい視点や解決策を提示。 結：結論や提案を総括。

プレゼンの構成方法

あり、ステージの内容と環境に応じて使い分けます。オープンなステージの場合、途中から参加する人も多いため、特にSDS法やPREP法が効果的です。

キャストの動き

キャストの動きでは、ステージ上での「ポジション」と「アクション」を定めます。ポジショニングとアクションの設定は、視覚的な演出効果を高めるために重要です。

「ポジション」とはキャストの「立ち位置」のことです。「立ち位置」には基本として「上手《かみて》※参加者から見て右手」「下手《しもて》※参加者から見て左手」「センター」があり、それぞれの位置が象徴的な意味を持ちます。例えば、上手はプレゼンターの立ち位置として、下手は司会者の立ち位置として用いるなど、場面に応じて適切なポジションを設定します。「ポジション移動」もシナリオに合わせて計画し、視覚的な変化やシーンの転換を演出します。

「アクション」は実はあまり台本上では規定しません。必要最低限にとどめることで不自然な動きが出るのを避けます。デモンストレーションなどの特別な動き以外は、「方向を示す」や「挨拶」などシンプルな動作にとどめ、シナリオに沿った自然な動きを重視します。

舞台装置

舞台装置はキャストの動きや全体の演出に大きく関係します。ここでは、特に展示会で使用されることが多い「ターンテーブル」について解説します。

「ターンテーブル」は、クルマの展示などでよく使われる装置ですが、その特性を活かせばさまざまな用途に応用できます。ターンテーブルを使用することで、展示物を全方向から見せることが可能になり、ステージの「表」と「裏」を解消する効果があります。回転速度は1回転あたり2分程度が見やすいと言われ、シナリオに合わせて回転のタイミングを設定します。

音響／音楽

音響や音楽はその選曲やタイミングにより、シーンの基調を決めたり、シーンの展開をしたり、メッセージを伝達するなどの効果があるため、シナリオに合わせて有効活用したい演出要素です。

例えば、シーンのテーマやターゲット層（例：若者向け、家族向け）に応じた選曲を行うことで、シーンの基調を決めることができます。また、曲調や音量を変化させることでシーンを展開することができます。さらに、何かの開始を知らせるベルやチャイム、終了を知らせる音楽など音や楽曲には意味を持つものがあるため、それらによってメッセージを伝えることもできます。

照明

照明は音響／音楽と同じくシーンの基調を決めたり、シーンを転換したりする他、ステージの中で見てほしい場所を示すという重要な役割を担う演出要素です。

照明の基本は、見てほしいところを参加者に示すことです。照明を使って注目を集めたいエリアを強調し、他のエリアを暗くすることで、視覚的に焦点をつくり出します。上から照らすサスペンションライトや正面から照らすスポットライトを活用し、視覚的なメリハリをつけます。

その他シーンの基調と展開にも使用します。シーンの開始や終了を示す暗転や明転、注目を集めるサーチライトや、客席に照明を向けて驚きを与える目つぶしなど多くの手法があります。また、プログラムのＶＩ（ヴィジュアルアイデンティティ）を色照明でつくることもあります。

映像

映像は、シナリオに合わせてスクリーンに映し出すことで、シナリオを補完することができます。ここでは、事前に制作した映像と中継映像を切り替えながら進行するプレゼンテーションを例に、基本的な考え方を説明します。

プレゼンテーション映像（事前制作）は、プレゼンテーションやデモンストレーションのシナリオに合わせて事前に制作される映像です。キャストの動きや間を考慮してガイド音源を作成し、それに合わせて映像を編集していきます。映像装置の画角やサイズ、参加者の目線にも注意し、プレゼンテーションの補完的な役割を果たす映像として制作します。

中継映像は、ステージ上のリアルな映像を映し出すことで演出効果を高めます。例えば、キャストのバストアップや手元の動きを映し出したり、展示物の細部やステージ外の展示コンテンツを映したりすることで、参加者が細部まで見えるよう、物理的な視界を補完することができます。

❸「運営マニュアル」をつくる

「運営マニュアル」は、主にイベントの現場に入ってからの準備から本番、撤去までの指針となる資料です。主にクライアントや関係者との共通認識の形成、事前準備物の発注、スタッフやキャストへのオリエンテーションに使用します。

「運営マニュアル」を手にするスタッフやキャストは「構成台本」以上に多く、専門分野も異なります。また、必ずしも企画段階から関わっているわけではなく、興味の範囲も深さもバラつきが大きいため、共通で知ってほしい項目と、個別に確認してほしい項目を効率よく配置する必要があります。

共通項目として「企画概要」「全体スケジュール」「全体組織図」「キャスト／スタッフと衣装／標章の一覧」をコンパクトにまとめ、個別項目として各プログラム／コンテンツの運営方法を「運営要項」としてまとめるなどの工夫が必要です。

このようにして、クライアントから関係者及び全スタッフ／キャストが共通の情報を持つことで、円滑な連携と運営／進行の基盤をつくります。

企画概要

「構成台本」と同様に、企画段階から関わっていないスタッフ／キャストに、まずはイベント全体の意図や各プログラム／コンテンツの目的を理解してもらう必要があります。

企画概要には次のような内容を含め、スタッフ／キャストに大きな方向性を伝えます。内容としては「構成台本」で説明したものと同じです。

コンセプトと訴求メッセージ

イベント全体で掲げているテーマや訴求メッセージについて、簡潔にまとめます。これにより、イベント全体が目指す方向性を関係者全員が理解できます。

その上で、各プログラム／コンテンツが具体的にどのようなメッセージを訴求するかについて記載します。ここでの目的や意図が明確になることで、各プログラム／コンテンツでの接遇が一貫したメッセージを持つようになります。

さらに、各プログラム／コンテンツで紹介するプロダクトやサービスの概要も含めます。プロダクトやサービスの魅力や特長を伝えるために、どのような内容が重要であるかを明示し、各プログラム／コンテンツでの表現が一貫性を持つようにします。

全体スケジュール

イベントを成功させるためには、準備段階から本番、そして撤去に至るまでのスケジュール管理が重要です。それぞれのスケジュールを以下のように明示します。

準備段階

搬入は会場設営の搬入と商品の搬入を明確に区分します。商品の搬入に関わる対応を充実させるためにも、商品搬入時間までには会場設営の搬入や施工を終了させておくことが理想です。会場設営の搬入・施工とリハーサル／ロールプレイングは、相互の関係を考慮しながらスケジュールを制作する必要があります。全スタッフ／キャストが全体工程を意識しながら作業を進められるように記載します。

クライアントによる検収スケジュールを設定することも重要です。会場設営、展示装飾、サイン・グラフィック、照明、ステージ演出、運営ロールプレイングなど、それぞれの項目ごとにクライアントチェックの時間を定めておきます。

本番スケジュール

本番スケジュールは、全体のスケジュールと各プログラム／コンテンツごとのスケジュールがわかるよう工夫する必要があります。

各自が、イベント全体の各日ごとの集合時間、スタンバイ時間、各日ごとのタイムテーブルを把握した上で、各自の担当プログラム／コンテンツのスケジュールを確認できるようにします。

各プログラム／コンテンツの各回のスタンバイ時間、キャスト／スタッフのローテーション表は運営要項に詳細を記載しても良いかもしれません。

ここでは、まずは全体のスケジュールを把握できるように記載します。

撤去スケジュール

撤去も、会場設営物の撤去と商品の撤去を明確に区分します。商品の撤去に関わる対応を充実させるためにも、商品の撤去が終了するまでは会場設営物の撤去を始めないことが理想です。

会場設営物の撤去は、相互の関係を考慮しながらスケジュールを制作する必要があります。とはいえ現場に入り、本番が始まるまではリアリティを持ってシミュレーションできない（実物を見た方が早い）部分もあるので、最終日の前日等に撤去会議を実施するのが一般的です。

全体組織図

会場運営は、会場にいるすべての関係者が一体となって行うべきものです。「全体組織図」

により、クライアント、制作者（＝プロデュースチーム）、専門制作会社（設営、演出、運営等）、スタッフ、キャストなどの役割を明確にし、どの組織や人が関係しているかを示します。クライアント側の代表者やプロデューサー、ディレクターといった主要メンバーが記載され、報告ルートが明確になります。

クライアント

クライアントを知ることはスタッフやキャストにとっても重要なことです。主幹部門のみならず営業部門や商品部門、広報など関連するすべてのセクションの主要なメンバーを紹介できるようにします。

制作者（＝プロデュースチーム）

制作者（＝プロデュースチーム）は主催者（クライアント）にとってもスタッフやキャストにとっても重要な情報です。制作者（＝プロデュースチーム）の中でも役割分担がある場合には役割まで含めて詳細に記載するようにします。

さらに制作者（＝プロデュースチーム）の配下の専門制作会社については、可能な限り明示します。現場では専門制作会社同士の連携が多くなります。またスタッフ／キャストが直接的なディレクションを受けるケースも多くなります。組織図に明示することにより信頼感が醸成できます。

スタッフ／キャスト

スタッフやキャストも組織図上に位置付けて明示します。こうすることで指揮系統を明確にし、ポジションごとにスタッフ／キャスト、アシスタントディレクター、ディレクターというチームを構成します。これにより一体感が生まれスムーズな連携が可能になります。

スタッフとユニフォーム／標章

「構成台本」と同様に「運営マニュアル」においても、会場運営に関わる「スタッフ」とその「ユニフォーム／標章」を規定して紹介することは重要です。先述の「構成台本」でキャストと衣装についてては説明したので、こちらでは「スタッフ」と「ユニフォーム／標章」を中心に説明します。これらは運営計画の策定と並行して「役割」や「位置付け」を定め、適切なスタッフの人選やユニフォーム／標章の選定を行います。

「役割」と「位置付け」

スタッフは、クライアントや制作者（＝プロデューススチーム）も含めて次のような「役割」と「位置付け」に分類されます。

クライアント側では「事務局（＝主幹部門）」「説明員（商品担当者）」「アテンダント（営業担当者）」「広報（＝広報担当者）」などの役割が存在します。

制作者（＝プロデューススチーム）側では「制作／運営事務局」と会場運営のサポートをする「運営スタッフ」の他、参加者との接点を担う「受付」「インフォメーション」「誘導」などに配置される「コンパニオン」や、「警備」「ケータリング」などの役割が想定されます。

「位置付け」は、「構成台本」で紹介したステージキャストよりも複雑です。「クライアント企業の代表（社員）」「企業／ブランドの象徴」「プロダクト／サービスの象徴」「ターゲット層の代表」の他に、「各職務の専門家（警備、ケータリングなど）」などが考えられます。それぞれに「役割」と「位置付け」を決めることで、参加者へのスタッフの見せ方が異なってきます。

ユニフォームと標章

スタッフが身につけるユニフォームと標章は、参加者にとって役割を一目で識別できる手段であり、統一感や信頼感を高める重要な要素です。役割や位置付けの違いに応じて、ユニフォームや標章の選定も多岐にわたります。

例えば、主催者の代表として参加者と接する受付やインフォメーションのスタッフには、企業やブランドのイメージに合ったユニフォームを用意します。一方、警備員やケータリング担当者などは、役割をすぐに判別できるような標準的なユニフォームや識別用の標章を身につけることが一般的です。

「標章」には「スタッフ」や「説明員」「警備」などの役割を明示するものを用意し、ユニフォームと合わせて役割をはっきり示します。標章は参加者にとってわかりやすく、円滑なコミュニケーションが図れるものになります。

一覧表の作成

スタッフのユニフォームや標章は一覧表にまとめ、関係者が一目で把握できるようにします。役割ごとにユニフォームや標章を分けることで、スムーズに役割分担が実行できます。

運営マニュアルにおけるスタッフのユニフォームや標章の設定は、イベントの信頼感と統一感を保つための重要な要素です。役割や位置付けに基づき、適切にユニフォームと標章を設定し、一覧表で共有することで、現場の運営が円滑に進むようサポートします。

運営要項

「運営要項」には制作で紹介した「構成台本」と同じく、「ストーリー」における「シナリオ」を定める意味合いもありますが、インタラクティブである点が異なります。その意味では「インタラクション」を定めるものだと言えます。

「運営要項」は「現場」から考えて「ポスト配置」「運営フロー」「キャスティング」「ローテーション（→必要要員数）」「指揮系統」の順に考えていきます。

ポスト配置

「運営マニュアル」の前提となる「運営計画」は「ポスト配置」の検討から始まります。参加者への対応を担うポストは、「サイン」や「グラフィック」、「映像」や「ＩＴ端末」などで代替できるか、その場合のメリット・デメリットを考慮した上で、その必要性を検討します。判断基準としては、「コスト」「利便性」「トーン＆マナー」などが考えられます。

そして、「ポスト配置」を検討する際には、表でお客さまに対応するための「キャスト」や「スタッフ」に加えて、裏でそのスタッフをサポートするスタッフと指揮系統までを考慮する必要があります。

また「庶務」や「計数管理」「遊軍」など、全体進行に関わるスタッフとその指揮系統も同時に検討が必要となります。

運営フロー

「ポスト配置」を決めたら「運営フロー」を検討します。その際には「ポスト」を配置した「目的」を明確にし、その目的を達成するための「フロー」を考えます。

「サイン」や「グラフィック」、「映像」や「ＩＴ端末」ではなく、「キャスト」や「スタッフ」を配置した場合には、当然、プッシュ型で、インタラクティブなものになるはずです。声の掛け方からリアクションの取り方まで、詳細にシミュレーションする必要があります。

このように、ポストごとの運営フローを詳細に設計することで、各ポストが持つ役割が明確になります。

指揮系統

「指揮系統」は「ポスト配置」から逆算します。具体的には「キャスト」または「スタッフ」から「アシスタントディレクター」、そして「ディレクター」へという順に上位者を設定していきます。

「ディレクター」と「アシスタントディレクター」の違いは決定権の有無で、「アシスタントディレクター」はあくまでも「ディレクター」の決定に従うポジションです。

「ディレクター」が複数名存在し、その担当範囲が広い場合には「統括ディレクター」を設定することもあります。「ディレクター」の設定は「時間」と「空間」の制約を考慮した上で、現実的に「ディレクション」できるかどうかで決めます。

このように指揮系統を明確にすることで、現場での意思決定や指示がスムーズに行われます。

ローテーション

ローテーションは2ポスト3名を基準に考えると効率が良くなります。なぜなら、3ポスト4名や4ポスト5名だと休憩時間の設定が難しくなるからです。これは、スタッフもキャストも同じです。

ただし、ステージキャストなどの何らかのパフォーマンスを前提にする場合には適切なステージ回数を定めた上で、1ポストの要員数を決めます。パフォーマンスの内容にもよりますが、例えばナレーターの場合には喉のことを考えると1日に12回程度が限界と言われており、私の経験では1ポスト4名というローテーションで実施したステージもありました。

ローテーションという概念自体があまり馴染みのないものかもしれませんが、参加者の対応を続けるためには重要なことです。

ローテーションを計画的に定めることにより、長時間の参加者対応が負担なく続けられる体制を整えます。

❹「実施設計図」をつくる

実施設計図は、設営会社が会場設営を実行するために必要な設計図です。多くの場合、実施設計図の作成は設営会社が主体となりますが、エクスペリエンスプロデューサーは、企画、制作、運営の各視点からディレクションを行い、設計がイベントのコンセプトとストーリーを具現化するものとなるように導く役割を担います。

企画的視点では、イベントのストーリーを空間に具現化するために、設計が企画段階で設定した「世界観（＝時間×空間）」に合致しているかを確認します。各プログラムやコンテンツの配置、参加者の動線が、イベント全体の「ストーリー」を具現化できているかに重点を置きます。

制作的視点では、空間デザインの機能性とデザイン性を維持しながら、設営物が実際に製作可能かつ安全であるかを確認します。展示物のサイズ、会場内のスペースや素材の選定など、現実的な観点から検討を重ね、適切なデザイン要素が取り入れられているかを見極めます。

運営的視点では、参加者やスタッフの動線、機能性、安全性などの運営要件を満たす設計になっているかを確認します。参加者のスムーズな流れや、スタッフが効率的に動ける配置ができているかが重要です。

以下にそれぞれの具体的な手順を説明していきます。

「企画」の視点

企画の視点では「空間構成」と「空間デザイン」の2つの視点から考える必要があります。「空間構成」は、企画段階で理想的な「ゾーニング図」から「平面図」を策定していますが、プログラムやコンテンツの特性を反映しながら実施設計に落とし込む際には、さらに細かな調整が必要です。

例えば、ステージプログラムでは映像装置や音響・照明設備が必要で、構造的に壁や梁が求められることが多いです。また、参加者が快適に観覧できるスペースも考慮します。

展示コンテンツでは、装飾やサイン・グラフィックに加え、展示物を良く見せるための展示照明が必要になります。また、展示説明やタッチ&トライの際のスペースも設置し、参加者が自由に交流できるよう工夫します。

ホスピタリティコンテンツでは、参加者をもてなすためのスペースに加え、スタッフ用の動線、備品のストックエリア、バックヤードなども計画します。

これらのコンテンツに合わせて、壁や梁、柱などの構造物を配置していくと、当初のレイアウトに調整が必要となることが多いです。各コンテンツが持つ要件に応じて、空間構成を柔軟に調整していきます。

空間デザインでは、実施設計の段階になると、素材や部材の選定、工法、構造など、製作に向けた詳細な検証が行われます。ここで重要になるのがVE（バリューエンジニアリング）の考え方です。VEとは、必要な機能やデザインを保ちながらコストとのバランスを調整する手法です。

実施設計では、まず本当に必要な機能とデザインの意図が何かをシンプルに考えます。これにより、コスト削減と設計の洗練が同時に進められます。

例えば、図面上のサイズを既存の部材に合わせて変更したり、見た目は同じでも安価な素材に差し替えたりするなどの方法があります。これにより、デザインのクオリティを保ちながらも、制作にかかる費用を削減できます。

また、その際には、特に素材や部材は、事前に実物を確認することが大切です。マテリアルボード（素材見本の比較のために図面に貼り付けたボード）を用意し、クライアントと共有して共通認識を持つことで後の製作段階でのトラブルを防ぐことができます。

「制作」の視点

制作の視点では、各プログラムの詳細が決定される段階であり、ステージプログラム、展示コンテンツ、ホスピタリティコンテンツの仕様を設計に反映することが求められます。これにより、各コンテンツの特性が空間に活かされ、参加者が快適にエクスペリエンスを楽しめるようになります。

例えば、ステージプログラムでは、ステージの高さ、映像装置、音響・照明機材の配置などが重要です。ステージの高さは、見せたい対象が「人」か「モノ」かによって変わります。モノを展示する場合、45㎝から60㎝程度の高さが自然です。一方、人がステージに上がる場合は、75㎝から90㎝、場合によっては１２０㎝程度まで上げることもあります。これに対して、映像装置の高さは、映像がメインコンテンツであれば、目線（１５０㎝）より高くならない位置に配置し、映像がサブの要素である場合は、キャストや展示物を邪魔しない高さに設置します。また、照明や音響はステージだけでなく会場全体で必要となるため、初期の段階でフレキシブルな天井構造を計画し、トラスなどの構造体を設置しておきます。さらに、ステージ周辺には、ステージ袖（デハケ口）、キャストの待機スペースや機材のオペレーションスペース、控室を設けるなど、留意すべき点がたくさんあります。

展示コンテンツでは、展示物の特性に合わせて「見せ方」を検討します。展示物をより美しく見せるために装飾物や治具、特別な照明を設置するなど工夫を凝らします。タッチ&トライコンテンツでは、参加者が展示物を直接体験できるスペースと動線を用意し、スタッフや説明員が接遇できるスペースも確保します。また、説明パネルや説明映像を設置し、展示物に関する詳細な情報を提供できるようにすることも大切です。

サインや説明パネルなどのグラフィックは位置や大きさを工夫し、わかりやすいヒエラルキーを構築します。イベント名称、ゾーンサイン、コーナーサインなどの高さや大きさを調整し、説明パネル（または映像）は展示物の近くに配置します。

ホスピタリティコンテンツには、参加者対応のインフォメーションカウンターや物販スペース、配布物カウンターが含まれます。インフォメーションカウンターや物販スペースはバックヤードにストックエリアを設け、スムーズに補充や対応が行えるようにします。

これら制作の視点から設計に反映すべきポイントは、各プログラムの特性や参加者の動線、適切なサインの配置といった詳細な要素です。空間をうまく活用しながら、各コンテンツの特性に合った空間設計をすることで、参加者にとって快適でわかりやすいエクスペリエンスを提供できるようになります。

「運営」の視点

運営の視点では、イベントを円滑に進行するためのバックヤードスペース（控室、オペレーションルーム、ストックエリアなど）の配置と、それに必要な備品の準備が重要です。これらのスペースは、会場の効率的な運営と快適な環境を支える基盤であり、運営や演出スタッフと協力しながら、実務に適した設計を行います。

控室はスタッフやキャストが待機したり準備を整えたりする場所で、イベントの円滑な運営に欠かせません。特に、参加者から見えない位置に配置することが重要で、外部から特定されないよう工夫します。また、休憩時のプライバシーを保つためのパーティションや、音漏れを防ぐためのレイアウトなども考慮します。

オペレーションルームは主に音響や照明、映像などの演出機材とそのオペレーターが使用するスペースで、機材や備品、電源容量や配線などの調整が不可欠です。

ストックエリアは物販や配布物カウンター、インフォメーションカウンターなどの物品の保管や補充のために使います。実際に使用する場所との動線を考慮して設計する必要があります。

備品の選定と配置は、運営スタッフの利便性と快適性を考慮し、必要な備品をリスト化し、数量や配置場所を明確にします。主な備品としては、テーブルや、スチールラック、ハンガーラックなどがあります。各スペースで何がどれだけ必要かを具体的に記載し、事前に準備しておくことで当日の混乱を防ぎます。

バックヤードの設計段階から、運営や演出スタッフにも参加してもらい、それぞれの役割に合った使い勝手を検証します。控室やオペレーションルームの配置、動線、備品配置について意見を出してもらい、現場での効率性が最大限に発揮されるようにします。

「実施設計図書」の共有

最終的に、右記の企画・制作・運営の各視点からのディレクションを反映した図面などをまとめた実施設計図書を関係者に共有します。イベントのコンセプトとストーリーを具現化し、事前にすべての関係者が確認できる形で共有することで、スムーズな現場での運営を実現します。

2――プロジェクトマネジメントの視点

❶「情報」と「予算」を管理する

プロジェクトマネジメントの視点では、制作段階での「情報」と「予算」の管理が最も重要です。これらをしっかりと管理し、関係者間で共有することで、プロジェクトの円滑な進行が可能となります。

制作段階では、多くの関係者がプロジェクトに携わり、出展品の情報や、原稿や素材、意見や要望、進捗の報告が絶えず行き交います。この多様な情報を整理・集約し、共有することで、関係者が同じ目線でプロジェクトに取り組めるようにします。

関係者から集まる情報を一箇所にまとめ、進捗管理のツールやデータベースを活用して集約します。各関係者がいつでもアクセスできるようにすることで、情報の一元管理が可能になります。

また、情報の更新や変更があった場合の報告ルールを定め、迅速に関係者間で共有できるようにします。定期的なミーティングやデジタルツールを通じて情報共有を徹底することで、各工程でのトラブルを防止し、調整の手間を減らします。

一方、予算の管理は、プロジェクトの成否に直結します。制作段階で具体的な制作費が明確になっていくため、予算を管理しつつ、コストが予算内に収まるよう調整し、工程通りに制作／製作を進行する必要があります。

イベント全体の予算を、各プログラム／コンテンツ（ステージ、展示、ホスピタリティなど）や各項目（会場設営、機材、運営など）に振り分けます。各工程での支出が適切に管理されているかを確認し、予算オーバーが予想される項目については早めに対策を講じる必要があります。

必要な機能やデザインを維持しつつコストを抑える方法を検討します。例えば、装飾素材の変更や施工手法の見直しにより、品質を保ちながらコストを削減するなど、ＶＥの考え方を取り入れます。コスト削減が必要な際には、クライアントと協議し、必要な部分と妥協可能な部分を明確にしていきます。

このように情報と予算との２つの視点から、定期的にプロジェクトの進捗を確認し、各工程が計画通りに進んでいるかを把握します。遅延が予想される場合は、原因を特定し、解決策を早急に検討します。

❷「情報」を管理する

制作段階における「情報管理」は、プロジェクトマネジメントの要となります。イベントの規模や内容に応じて、物理的な事務局を設置するかどうかは変わるものの、少なくとも事務局機能として情報を集約し、関係者と調整する窓口は不可欠です。この事務局機能が、プロジェクト進行における情報の交通整理役となり、円滑な制作を支える役割を担います。以下、事務局運営の重要なポイントやコツについて詳しく説明します。

制作／運営事務局の役割と運営のポイント

制作段階に入ると、関係者の数が増え、扱う情報も多岐にわたります。そのため、制作／運営事務局を中心に情報を一元化し、整然と管理することがプロジェクトの成否を左右します。制作／運営事務局が果たすべき役割には、以下のようなポイントがあります。

関係者の窓口としての情報集約

制作／運営事務局は、主幹部門、商品部門、営業担当者、制作チームなどの関係者から情報を集約し、各チームが必要とする情報をタイムリーに共有します。特に制作段階では、商品部門の要望や変更点、設備や装飾の仕様など、さまざまな情報が流れ込むため、それらを整理し、正確に反映することが求められます。

フォーマットの統一

情報管理において最も効果的な手法は、情報の入力フォーマットを統一することです。形式が統一されていると、情報の取りまとめがしやすくなり、後工程でのミスや手戻りを防ぐことができます。また、各関係者間の情報共有がスムーズに進むため、プロジェクト全体の効率が向上します。

事務局で用いる主なフォーマット例

展示会などの大規模イベントでは、以下のような調書フォーマットを使用して情報を整然と集めることが一般的です。

出品概要書

出品概要書は、商品部門が最初に提出するフォーマットで、出品物の概要や展示希望内容を記載するものです。この出品概要書をもとに主幹部門が出品の可否を判断する場合もあります。

制作者（=プロデューステーム）側としても、この情報をもとに全体のレイアウトや内容を企画していくため、早期に商品部門の意図を把握することは重要です。

出品調書

出品が決定した段階で提出する詳細なフォーマットです。展示物のサイズ、必要な電源容量、スペースの設備要件などが記入され、設営や設備準備に必要な細かい情報を得るために使用されます。多くの場合、情報が多岐にわたるため、提出段階を「暫定版」と「決定版」に分け、段階的に情報を収集する方法も採用されます。

原稿調書

広報資料や説明パネルに掲載する原稿を収集するためのフォーマットです。事前広報資料や当日の会場での説明パネルに使う文章や画像を商品部門から収集し、デザインや印刷準備に進めます。情報収集のタイミングを出品調書と合わせるとスケジュールが厳しくなるため、原稿調書は別途早めに収集を始め、デザイン・制作工程に余裕を持たせます。

情報管理の効果と実施のポイント

制作／運営事務局がこれらのフォーマットを駆使して情報を集約し、管理することで、情報の精度や統一感が向上します。また、数多くの商品部門が参加する場合にも効率的に進行でき、後の工程での手間や工数を削減することができます。特に、100を超える商品部門が参加するような大型の展示会などでは、情報管理の統一は不可欠であり、プロジェクト全体のスムーズな進行に直結します。

❸「予算」を管理する

制作段階における「予算管理」は、イベントプロジェクトの成否を左右する重要なポイントです。企画段階で予算の概算を立てているとはいえ、その段階での見積もりは大まかなものであり、詳細な仕様や具体的な計画が固まらないと、正確なコストを算出することは難しいのが現状です。制作段階に入ってからの予算管理が、実質的なプロジェクト管理の要となるのはそのためです。

イベントの予算管理の特徴と「増減表」

イベントの「予算管理」は、プロジェクトの進行に伴って見積もりが変動しやすいという特徴があります。詳細な計画が固まっていないうちは、見積もりを提出できなかったり、計画が会議で変更されたりすることが頻繁に起こります。そのため、制作段階では、いかに柔軟に見積もりの増減に対応できるかが鍵となります。

そこで、制作段階での予算管理においては、「増減表」を使用して予算の変動を管理する手法が効果的です。もちろん、すべての項目について毎回見積もりを取り直すのが理想的ですが、それでは意思決定が遅れ、プロジェクトの進行に支障が出るため、変更箇所の増減を管理することでスピーディーかつ柔軟な予算管理を行います。

「増減表」の制作／運用方法

制作段階に入る前に、可能な限り詳細な「企画見積もり」を作成し、これを予算管理の「原点」とします。この段階で想定できる仕様や項目はすべて含め、できる限りの精度を持たせますが、変動を想定し、10〜15％の予備費を確保しておくと良いでしょう。多くの場合、最終的な実施見積もりの方が高額になりがちですので、予備費を設けることで予算超過のリスクを軽減します。

制作段階では、企画見積もりと実際の制作費との間で生じる「増減」を逐次確認し、増減表に記録します。これは、実施計画の変更や追加・削減によるコストの変動を一目で把握できるツールです。見積もりが増加する項目があれば、逆に減少させる項目を検討するなど、全体の予算バランスを保ちながら計画を進めます。

増減表をもとに、関係者とともに「増」の部分や「減」の部分を確認しながら意思決定を行います。特に、予算が増加する提案については、コストに見合う効果や必要性を精査し、代替案や削減の可能性を探ります。このようにして、全体の予算を把握しつつ、プロジェクトを最適化していきます。

「増減表」を用いた予算調整

各工程の進行に合わせて定期的に増減表を更新し、プロジェクトの進行状況と予算のバランスを確認します。この調整を通じて、予算管理を制作／製作の発注管理と連動させ、プロジェクトの進行をスムーズにします。

制作見積もりが企画見積もりを超過する場合には、企画見積もりに設定した予備費を活用して対応します。増減表をもとに予備費の範囲内で調整できるよう努め、さらに超過しそうな場合には必ずクライアントと協議し、計画の見直しや調整を行います。

このように予算調整を行いながら制作を進行し、実施見積もりを確定していきます。予算が確定してきた段階で、プロジェクト全体の予算計画と整合性を確認し、最終段階まで安定的に進行できるよう予算を固めます。

制作段階のまとめ

❶制作段階における「総合演出」の役割は「ストーリー」の「内容（＝ソフト×ハード）」をつくることです。

❷「ソフト」は「ストーリー」の「シナリオ」にあたり、「プログラム」を「構成台本」で、「コンテンツ」を「運営マニュアル」で規定します。

❸「ハード」は「ストーリー」の「世界観（＝時間×空間）」を具現化することであり、「実施設計図」で規定します。

❹制作段階における「プロジェクトマネジメント」はプロジェクト全体の「内容（＝情報×予算）」を管理することです。

❺「情報」は多様な関係者との間で収集や確認をする必要があるため、「制作／運営事務局」の機能を設け、フォーマットを統一するなどして管理します。

❻「予算」はプロジェクトの進行に従い変動するため、予算管理の「原点」を設定して、「増減表」で管理します。

第3章 運営段階

運営段階は、イベントの現場で最終的な成果を具現化する重要なフェーズです。この段階では、エクスペリエンスプロデューサーは運営組織を統括し、会場での進行を円滑に進めることに加え、クライアントへの報告や連絡、相談を行い、関係者間の連携を強化します。イベントの実施は会場運営が品質を左右するため、適切な運営が求められます。

「総合演出」の視点から見た「運営」とは、「プログラム」や「コンテンツ」を効果的に機能させることです。具体的には、イベントの構成要素である「時間」「空間」「ソフト」「ハード」を参加者と相互作用させ、ストーリーの主体的な体験を促進させることが目的です。そのためには「人」を有効に機能させることが特に重要であり、そのための「事前準備」と、現場での「ディレクション」が必要となります

「プロジェクトマネジメント」の視点では、「成果」の管理が運営段階での成否を左右します。具体的には、業務や活動の進捗状況を把握するために数値を記録する「計数管理」と、イベントの目的がどの程度達成されたかを数値化する「成果指標」です。

運営段階は、イベントの成果が決まる最終フェーズです。総合演出の視点では、プログラムやコンテンツを効果的に機能させるための参加者との相互作用を重視します。一方、プロジェクトマネジメントの視点では、計数管理と成果指標の2つの数字を管理することで、イベントの成果や効果を評価できるようにします。これらの視点を併せ持つことで、エクスペリエンスの効果を最大化し、最良の成果を引き出すことが可能となります。

1――総合演出の視点

❶「運営」とは何か？

「運営」とは、「ストーリー」の「あり様＝相互作用」をつくることです。具体的にはイベントの「プログラム」や「コンテンツ」を参加者の人流や反応に合わせて有効に機能させて、意図した「ストーリー」の「エクスペリエンス」を提供します。この運営の要となるのは「人」であり、参加者と直接関わる「キャスト」だけでなく、裏方として支える「スタッフ」の存在も重要です。

エクスペリエンスは、同じストーリーでも映画や演劇とは異なり、参加者が「主人公」です。したがって、参加者の人流や反応に対して、イベントの構成要素（「時間」「空間」「ソフト」「ハード」）を「参加者」が体験しやすいように機能させることが運営の基本となります。

そこでエクスペリエンスプロデューサーに求められるのが現場での「ディレクション」と、そのディレクションを有効に機能させるための「事前準備」です。

運営は基本的には「運営マニュアル」に沿って進められますが、マニュアルだけでは「相互作用」は生まれるはずもなく、現場での「ディレクション」が不可欠です。ディレクションとは、単なる指導や進行管理にとどまらず、参加者の人流や反応に応じて柔軟に対応し、運営を成功に導くための実践的な指揮や演出を意味します。ディレクションによって「キャスト」と「スタッフ」が現場で「相互作用」を起こし、参加者の動きに応じた柔軟な「ストーリー」の体験が実現します。

そして、その「ディレクション」を有効に機能させるためには「事前準備」が重要です。事前準備とは、ディレクションが有効に機能し、現場の運営が円滑に進むための基盤づくりです。

具体的には「顔がわかる組織づくり」「個人単位で管理できる基盤づくり」「一体感を醸成するミーティングの設定」です。ここではそれらの「事前準備」から話を進めていきます。

❷事前準備

顔がわかる組織づくり

イベントの現場は、その特性から、毎回違うスタッフやキャストが集まることが多く、現場で初めて顔を合わせる人が多い特殊な環境です。このような場では、知り合いがいるかどうかが、スタッフやキャストの気持ちやパフォーマンスに大きく影響することが少なくありません。ですから、私はスタッフやキャストの「顔がわかる」組織づくりに力を入れるようにしています。

「面談」の必要性

まず、主要なスタッフやキャストとは、必ず事前に顔を合わせるようにしています。具体的には、ディレクターやアシスタントディレクターなどの主要なスタッフだけでなく、MC、ナレーター、モデル、コンパニオンなどのキャストについても、オーディションがない場合でも面談を行うようにしているのです。これはもちろん、私自身が相手のことを知るためという意味もありますが、それ以上に、相手にも私や私のチームのことを知ってもらうためでもあります。

イベントの現場は、その瞬間限りのチームワークが要求される場所です。だからこそ、「お互いに選び合った」感覚が重要だと感じています。実際に面談を通じて顔を合わせることで、スタッフやキャストが「自分もこのイベントの一員として選ばれた」という意識を持ってくれると、現場でのパフォーマンスにも大きなプラスの影響が出ます。特に大規模な現場になると、100人近いスタッフやキャストと面談することもありますが、それだけの時間と労力をかける価値は十分にあると感じています。

ゆるやかな「チーム化」

また、こうして現場で一緒に働いたスタッフやキャストは、大切な資産として次の現場にも積極的に声をかけ、活用するようにしています。毎回新しい顔ぶれが多いイベント業界ですが、一度信頼関係ができたメンバーと再び一緒に仕事ができるのは、とても心強いことですし、チームとしての安定感や質の向上にもつながります。

イベントの現場では、即席のチームワークが求められる一方で、人と人とのつながりがその成功に大きく貢献することを忘れてはいけません。顔を合わせてお互いを知ることが、単なるイベント以上の体験や価値を生み出す基盤になるのです。

個人単位で管理できる基盤づくり

イベントの成功には、各スタッフやキャストが自分の役割と行動を明確に理解し、効率的に動けるための基盤が必要です。そのために有効なのが「スタッフ動静表」と「連絡系統図」です。

スタッフ動静表

スタッフ動静表は、主要なスタッフの行動予定を一覧表としてまとめたものです。一般的には、表側(縦軸)に時間、表頭(横軸)にスタッフの名前を配置し、各自のスケジュールを視覚的に把握できるようにします。

この表の主な目的は、全体統括者(=エクスペリエンスプロデューサー)が全員の進捗を管理することでもありますが、それ以上に、各スタッフ自身が現場での動きをシミュレーションすることにあります。各自が自分の予定を具体的に書き出すことで、業務の重複や一人では対応しきれない局面が明らかになり、事前に対策を講じることが可能となります。

作成手順としては、まず全体の工程表が固まった段階で、各スタッフが自分の動静を記入します。その後、全体統括者がこれを確認し、内部検収（＝全体統括者が確認する）のスケジュールを設定します。最後に、各スタッフが再度調整を行うという流れでつくるのが効率的です。全体統括者はイベント全体に大きな影響を与えるため非常に繁忙になり、食事の時間すらも動静表であらかじめ確保しなければならないほどになります。

連絡系統図

「連絡系統図」は、現場での指揮系統を明確にするための図です。イベントの現場では、物理的な距離が離れていることも多く、トランシーバーが主な連絡手段となります。そのため、トランシーバーを持っていないスタッフは、指揮系統上存在しないのと同じ状況になってしまいます。

そのため、この「連絡系統図」をつくる際には可能な限り現場を思い浮かべながら、現実的に連絡を取る必要があるメンバーを特定してつくることが重要です。

担当ポジションによっては、ディレクターやアシスタントディレクターではなくスタッフと直接やりとりをする必要があるかもしれません。また、搬入・施工時、リハーサル時、本番時の各段階で検討することも必要です。最適な指揮系統を構築することができれば、それだけ全体統括者の視野と指揮の範囲を広げることができます。

一体感を醸成するミーティングの設定

イベントに参加するすべてのスタッフの一体感を醸成するためには、ミーティングを設定することが効果的です。具体的には「オールスタッフミーティング」と「全体オリエンテーション」です。これらはスタッフ同士のコミュニケーションを活性化し、結束を強め、各自のモチベーションを向上させる重要な場です。

オールスタッフミーティング

「オールスタッフミーティング」は、イベント直前（通常1～2週間前）に行い、主要なスタッフが一堂に会するミーティングです。目的は、現場に入る前に実施計画や現場工程の全体像を確認し、最終調整を行うことですが、スタッフ同士が顔を合わせ、直接コミュニケーションを取るという点でも非常に重要です。

イベントには、運営段階のみ参加するスタッフや、技術・進行など多様な職種のスタッフが関わります。職種が異なると業務内容も異なるため、顔を合わせる機会が少ない場合もあります。ここでチームメンバーとして顔を合わせることで、緊密な連携が取りやすくなり、チームワークの土台がつくられます。

ミーティングの内容としては、まず組織図をもとに各メンバーの紹介を行い、全体のメンバーがどのような役割を担うのかを明確にします。その後、実施設計図や構成台本、運営マニュアルを共有し、全体工程を確認します。こうした共有事項を通じて、スタッフ全員が同じゴールに向かって準備を進められるようになります。

全体オリエンテーション

「全体オリエンテーション」は、現場に入ってから行うミーティングで、現場の運営に関わるすべてのスタッフやキャストが参加します。ここでの目的は、運営組織の全メンバーが顔を合わせ、イベントの全体方針を確認することです。特に、主幹部門や制作／運営事務局のメンバーをスタッフやキャストに紹介することが重要です。顔を知っていることで、スタッフ一人ひとりのモチベーションの向上につながります。

これまで多くの現場でこの全体オリエンテーションを実施してきましたが、主催者の顔をスタッフが見ているかどうかは、仕事への意識やイベントの成功に対する責任感に大きく影響します。また、この場ではイベントの目的やテーマ、参加者の特性についても共有し、各スタッフが当日、どういった心構えで対応すべきかを伝えます。これは、イベントの雰囲気や質を高めるためにとても重要です。

❸現場ディレクション

現場ディレクションには、大きく分けて「リハーサル／ロールプレイング」と「本番ディレクション」の2つの段階があります。

リハーサルやロールプレイングは、本番前に全体の流れや各スタッフの動きをシミュレーションする重要なプロセスです。この段階で、進行手順やタイミングの最終確認を行い、実際に各自が動く中で潜在的な問題点を発見し、必要な修正を加えます。

本番ディレクションは、イベント当日の進行管理を指します。この段階では、事前のリハーサルで確認した流れをもとに、全体の進行を管理することはもちろん、参加者の人流や反応を見ながら、調整や修正をしていきます。現場の体験をスムーズに進めるため、ディレクターは各担当プログラムやコンテンツの動きを把握し、参加者の状況に応じた指示を迅速に行う必要があります。

リハーサル／ロールプレイング

リハーサルとロールプレイングは、イベントのスムーズな進行と品質向上のための重要な準備段階です。ステージプログラムでは「リハーサル」として、展示コンテンツやホスピタリティコンテンツにおいては「ロールプレイング」としてそれぞれ異なる視点で行われます。ここではその流れを解説します。

ステージプログラムのリハーサル

ステージプログラムにおけるリハーサルは、構成台本を実際のステージとして具現化する作業として行います。限られた時間の中で、効率良く着実に進めるために、以下の5段階で順を追って進めていきます。

テクニカルチェック　音響・照明・映像など演出機器の動作や素材などをチェックします。

テクニカルブロックリハーサル　ステージの区切り（シーン）ごとの演出（音響・照明・映像等）を確認します。この段階で人やモノのポジションを含めて全体の演出方針を確定させます。

テクニカルリハーサル　全体の流れを通した演出（音響・照明・映像等）を確認します。この段階で演出（音響・照明・映像等）の流れを確定します。

ブロックリハーサル　キャストも併せてステージの区切り（シーン）ごとの演出（音響・照明・映像等）を確認します。この段階でキャストの動きを確定するとともに、演出の微調整をします。

ランスルーリハーサル　キャストも併せて全体の流れを通した演出（音響・照明・映像等）を確認しま

す。本番と同じ状態での確認です。この段階でキャストの動きも含めた演出全体が確定します。

展示／ホスピタリティコンテンツのロールプレイング

展示やホスピタリティコンテンツにおいては、リハーサルの代わりにロールプレイングを行います。ここでは、接遇や参加者対応がスムーズに行われるよう、以下の点に注意しながら、運営の流れを確認していきます。

周辺環境の確認 什器・照明・サインや備品、配布物などが揃っているかをチェックします。

参加者動線の確認 参加者がどこから来て、どこに向かって出ていくのかを確認し、視認性や障害の有無を考慮して、スタッフの待機ポジションやサインの配置等を決めます。

運営フローの確認 参加者役と接遇役に分かれて実際に運営フローを実施してみます。声の掛け方や配布物・備品の配置などを実際に体験しながら調整します。実際に体験してみると問題点が発見しやすくなります。

この際、運営マニュアルに記載されている内容を、必ずしもその通りに進める必要はありません。むしろ現場で見えてくる改善点に合わせて柔軟に変更し、実際の状況に合った対応を取ることが理想です。

この段階で担当者が自主的に確認・更新を行うことで、本番中にも臨機応変な対応が可能になります。

本番ディレクション

本番ディレクションでは、特に全体統括者（＝エクスペリエンスプロデューサー）の役割が非常に重要です。本番中はスケジュールの少し先を見ながら進行を管理し、各プログラムやコンテンツの運営状況を確認しながら、現場を指揮していきます。ここでは、全体統括の基本的な動き方を、受付開始から本番中のプログラムの進行管理まで順を追って解説します。

全体統括の基本視点とタイミング

全体統括者は常に「1時間先」と「15分先」を意識しながら進行を管理します。

1時間先のスケジュールは、スタッフや備品の変更が可能なタイミングです。先を見て準備することで、予測される変更に柔軟に対応できます。

15分先のスケジュールは、最終確認のタイミングです。15分先の準備状況を確認して、本番の実施可否を判断することで、確実な進行を確保します。

各シーンでの具体的なディレクション

前日 周辺のブースができあがってきたところで、その状況を確認し、人流や反応を予想します。この際、周辺ブースの担当者に挨拶をしてステージスケジュールの交換を行うことも大切です。この結果、場合によっては、クライアントと相談し、プログラムを変更したり、コンテンツやスタッフの配置を変更したりします。

オープン前 オープン前には、全体の準備状況を参加者の動線に合わせて巡回し、最終確認を行います。また、混雑時対応等の準備状況も確認します。すべてのスタッフ／キャストがポジションにスタンバイしていることを確認して、クライアントに報告します。

オープン時 オープン時には、展示会全体の入り口からの人流と動線上での滞留状況を確認し、自ブースへの到着時間を予想します。必要に応じてプログラムのスタート時間を調整するため、クライアントと相談します。

プログラム開始時 各プログラムの開始15分前には、スタッフやキャストの準備状況を確認します。混雑状況や参加者の来場状況も確認し、プログラム開始の合図を全スタッフに送ります。

プログラムの進捗管理 プログラムが開始されたら、その進捗をチェックし、必要に応じて、終了時間を予測します。予測終了時間が他のプログラムやコンテンツに影響しそうな場合は、関係者に事前に知らせておくと、次の進行がスムーズになります。

動線管理（内部／外部）　内部の動線は、各プログラムの前後で増減するため、「遊軍」スタッフを配置したり、パーティションやサインを移動したりして動線の適正化に努めます。外部の動線は、周辺ブースのプログラムによって増減します。常に注意を払い、状況によっては「遊軍」スタッフを配置したり、サインを移動したりして誘導の強化を図ります。

「人流」と「反応」の把握　「人流」と「反応」は直接自分の目で見て把握することが重要です。人流は、会場を巡回して参加者の動きを観察し、特にボトルネックが発生していないかを確認します。滞留や混雑が見られる場合には、スペースの調整、動線の確保、ショートカットルートの設定などを行いスムーズな動線を保ちます。反応は、プログラムやコンテンツが狙い通りの反応を引き出しているかを確認します。期待した反応が見られない場合は、サインやキャプションの追加、展示方法や運営方法の調整、観覧スペースの確保などを行い、参加者の反応の向上を図ります。

2――プロジェクトマネジメントの視点

エクスペリエンス領域業務の特にイベントにおける「成果」の特徴は、その測定と評価の難しさにあります。イベントは特定の目的を達成するために実施され、その達成度合いを評価することが求められます。そこで重要になるのが「計数管理」と「成果指標」です。「計数管理」とは業務や活動の進捗状況を把握するために数値を記録して管理することで、イベントの場合には「参加者数」や「配布物の数」「アンケートの獲得数」といった指標が設定されることが一般的です。これらがイベントの目的達成を直接的に示すものではないとしても重要な「成果」の一つであり、特にイベントの本番を迎えるとクライアントの重要な関心事になります。

次に「成果指標」についてです。これまでイベントの成果指標としては、会場でのアンケートがほぼ唯一の方法とされてきました。しかし、会場アンケートは、場所や時間、回答のタイミングの問題により、イベントの全体的な成果を測定するには限界がありました。イベントの目的がどの程度達成されたかという成果指標は、イベント業界において長年の課題となっていたのです。

そこでこの章では、著者が推奨している「イベント版ブランドリフト調査」をご紹介します。

❶計数管理

本番が始まると、クライアントの関心は「参加者数」や「配布物の配布数」「アンケートの取得数」、そして「特定プログラムの参加者数」など、リアルタイムの数値に集中します。このため、定期的に「計数報告」を行い、現状を共有しながら必要に応じて運営の調整を行うことが大切です。

「計数報告」の方法

計数報告の効果的な方法としては、例えば1時間ごとに行うなど、あらかじめ決めたタイミングで定期的に実施することです。毎時50分に計数を締めて、00分にトランシーバーなどを通じて報告を行います。このように即時性を重視することで、タイムリーに状況を把握でき、迅速な対応が可能になります。

また、計数報告の内容を記録するために、「計数報告表」を用意しておくことも必要です。これには、参加者数や配布物の残数、アンケートの回収数、各プログラムの参加者数などを記載します。報告表は毎時更新し、クライアントや主要スタッフへ随時届けることがポイントです。また、「制作／運営事務局」等に掲示しておくことで、関係者が誰でもリアルタイムの数値にアクセスできるようにします。

「計数管理」のメリット

計数管理を徹底することで、配布物の残数に応じて追加の手配を検討したり、配布方法を調整したりと、イベントの状況に柔軟に対応できます。また、クライアントがリアルタイムの情報を把握できるため、次に行う施策や指示が的確になり、参加者へのサービス向上にもつながります。

定期的な計数報告を通して、リアルタイムの数値をもとに運営を改善していくことは、イベントの成功に向けた重要な取り組みです。計数報告表を活用し、クライアントや主要スタッフと連携しながら、状況に応じた最適なディレクションができるようにします。

❷成果指標

イベントの成果指標としては、会場でのアンケートがほぼ唯一の方法とされてきました。しかし、会場アンケートは、場所や時間、回答のタイミングの問題により、イベントの全体的な成果を測定するには限界がありました。

そこで、著者が推奨しているのは「イベント版ブランドドリフト調査」です。この手法は、参加者の「態度変容」に注目したもので、イベントだけでなく広くエクスペリエンス領域施策の成果をより的確に把握するために有用な新しいアプローチです。

「イベント版ブランドドリフト調査」の概要

「イベント版ブランドドリフト調査」は、同一の参加者に対して「ブランドイメージ」や「認知度」「好意度」「購入意向度」をイベントの開催前後で調査し、前後の数値を比較して「変化量」を出します。イベントの参加による「態度変容」を数値化することでイベントの成果をより具体的に評価できるようになります。

「内容評価」「印象評価」によるフィードバック

イベント後の調査にイベントの内容に関する評価や印象に関する評価の項目を追加すれば、イベントの「内容評価」「印象評価」と「態度変容」の相関を見ることもできます。

そうすることで、どのようにすれば「態度変容」を促すことができるのか、イベントの企画内容へのフィードバックを得ることができます。

イベント版ブランドリフト調査イメージ

実施イメージ

【参加予定者（事前）】

【共通項目】
・認知
・好意
・購入意向
・ブランドイメージ

→

【参加者（事後）】

【共通項目】
・認知
・好意
・購入意向
・ブランドイメージ

【事後項目】
・内容評価
・印象評価

分析イメージ

【共通項目の変化量】
・認知の変化量
・好意の変化量
・購入意向の変化量
・ブランドイメージの変化量

↓

成果指標として利用可能
（年度比較・他社比較など）

×

【実施内容への評価】
・内容評価
・印象評価

↓

意匠の効果の把握が可能
（意匠＝コンテンツ・空間・演出・運営など）

「イベント版ブランドリフト調査」のメリット

「イベント版ブランドリフト調査」は、従来の会場アンケートなどでは難しかった「態度変容」の測定が可能になり、参加者の心理的な変化を具体的な数値として把握できます。これは、エクスペリエンスを通じた態度変容を目的とする施策に適した成果測定手法であり、事後の「内容評価」「印象評価」も併せて行えば、次回の企画に向けたフィードバックも得ることができます。

運営段階のまとめ

❶運営段階における「総合演出」は、「ストーリー」の「あり様（=相互作用）」をつくることです。

❷「相互作用」の要となるのは「人」であり、「人」を有効に機能させるためには現場での「ディレクション」とそのための「事前準備」が重要です。

❸運営段階における「プロジェクトマネジメント」は、プロジェクトの「成果（=計数×成果指標）」を管理することです。

❹「計数」は現場に入ると最大の関心事となるため、リアルタイムに主要な関係者に共有する体制とフローを構築する必要があります。

❺「成果指標」はプロジェクトの目的達成度が反映されることが重要であり、「態度変容」に着目した「イベント版ブランドリフト調査」が有効です。

column 2

一期一会

私は「一期一会」という言葉をよく使います。ただし「一生に一度しか会わないと思って接遇しましょう」という教科書的な意味ではありません。「この瞬間、この場所に、縁があって集まった皆だからこそのパフォーマンスを楽しみましょう」という意味を込めて使っています。

そもそも「一期一会」とは「茶会の心得」。私の勝手な解釈かもしれませんが「その瞬間、その場所で、その人と一緒にいるからこその味わい」みたいな意味も含んでいるのではないかと考えているのです。

イベントはまさに「一期一会」。その瞬間に、その場所で、そのスタッフやキャスト、そしてお客様でつくり上げるイベントを、再現することは決してできません。だからこそ、その「縁」に感謝して、全力で楽しむべきだと思っています。

「一期一会」のパフォーマンス。これもイベントの魅力の一つです。

第3部
実践編

「実践編」では、プロジェクトの開始から終了までの流れの中で必要となるエクスペリエンスプロデューサーの技術について、実際の実務に沿って解説していきます。クライアントからの「オリエンテーション」に始まり、「報告会」で完了するまでの一連の一般的なプロジェクトの流れの中で、エクスペリエンスプロデューサーが何を考え、何をしているのか、「基礎編」「応用編」で取り上げきれなかった実践的なテクニックや、現場で役立つ具体的なノウハウを紹介していきます。エクスペリエンスプロデューサーには、準備から当日、終了後の報告まで、予想外の出来事にも対処する柔軟な対応力が求められます。そしてそのためには確固たる軸となる技術が必要です。この「実践編」では、そのような軸となる技術をご紹介したいと考えています。

第1章 エクスペリエンスプロデューサーの技術

1——オリエンテーション

イベント業務は、クライアントが仮説として想定している条件（＝与件）を提示するところから始まります。その際の注意点としては以下の３つがあります。

❶クライアントを知る

まず、クライアントを理解することが重要です。現在は、ウェブ検索で大抵の情報を得ることができるので、クライアントのホームページはもちろん、関連するニュースや過去のイベント情報にも目を通します。クライアントが以前にもイベントを開催している場合、その開催状況や参加者の反応についてもリサーチし、イベントの目的や成否を推測しておくと役立ちます。こうした事前情報を把握することで、クライアントの価値観や期待が理解でき、より適切な提案が可能になります。

❷チェックリストをつくる

オリエンテーションで確認する内容は、事前に整理しておくとスムーズです。整理法としては「6W2H」と「時間軸」がMECE（Mutually Exclusive, Collectively Exhaustive：全体として重複がなく漏れがないという意味）にできるのでお勧めです。

6W2H　「When（いつ）」「Where（どこで）」「Who（誰が）」「Whom（誰に向けて）」「What（何を）」「Why（なぜ）」「How（どのように）」「How much（予算）」の8項目です。これに基づき、イベントの要素を網羅的に確認します。クライアント側で決定している部分と、制作者（＝プロデュースチーム）側が提案すべき部分を明確にし、期待される内容も含めて整理しておくことで後の作業が効率的になります。

時間軸　イベントの流れに沿って、事前準備から終了後のフォローアップまでを追い、確認します。例えば、事前の告知や招待状の手配、受付やアテンドの段取り、懇親会やエクスカーション（付帯の小旅行）の計画、そしてお礼状の送付まで、時間軸に沿って確認するとイメージしやすく、漏れがなくなります。

このように、整理されたチェックリストを準備しておくことで、確認漏れを防ぎ、イベントの成功に向けた堅実な準備ができます。

❸出席者を観察する

オリエンテーションは、クライアントの組織やメンバー構成を把握する絶好の機会です。出席者の所属組織や役職、役割分担、相互の関係性を観察することで、意思決定のプロセスや、イベント後の評価プロセスを予測できます。例えば、誰が最終的な意思決定を行うのか、あるいは評価の際にどのような観点が重視されるのかを見極めることは、企画・制作・運営をスムーズに行う上で非常に重要です。

2——企画準備

イベントの具体的な企画に入る前には、まず徹底的なインプット作業が不可欠です。クライアントの視点、参加者の視点、そして第三者の俯瞰的な視点を養うために、以下の方法で情報収集や分析を行います。

❶「写経」をする

「写経」とは、オリエンテーション資料をパワーポイントなどに一字一句写し直す作業です。これは私独自の方法かもしれませんが、非常に有効な手段です。写経には2つの大きな意味があります。

言葉遣いを理解する クライアントには特有の言葉遣いや表現があり、同じ言葉でも特別な意味を持つことがあります。写経を通じてそれらを理解し、クライアントの言葉をそのまま使えるようにします。

クライアントの意識を取り込む 写経をすることで、クライアントの意図や思いを自分の中に取り込みます。一文一文を丁寧に理解し、その一文が資料に入った理由や背景に思いを巡らせることで、クライアントの意識を自分事として捉えられるようになります。これによって、クライアントと同じ目線で企画を進められるようになります。

❷ターゲット（＝参加予定者）を知る

イベントのターゲットである参加者の情報も深く理解することが重要です。展示会の場合、出展者向けに報告書が出されていることが多く、プライベート展（企業が単独で行う展示会）でも参加者アンケートなどの報告書が存在することが多いです。こうした資料が入手できる場合には、隅々まで読み込み、参加者の特性や関心を把握します。資料がない場合でも、ターゲットに関連する情報をインターネットで検索し、参加者がどんな行動を取り、どのような興味を持っているかを具体的にイメージできるようにしておきます。

❸SWOTを考える

SWOTとは、Strength（強み）・Weakness（弱み）・Opportunity（機会）・Threat（脅威）の頭文字を取ったもので、これら4つの要素を分析して戦略を立案する考え方です。

SWOTというと大げさに感じるかもしれませんが、実はイベントにおいてもSWOT的な考え方は有効です。ただし、「機会」と「脅威」の視点を調整して使います。

例えば、展示会における「機会」や「脅威」においては競合出展者の存在や周辺の動線、小間レイアウトが重要な要素です。展示会の来場者に足をとめてもらい、メッセージを伝達するのが目的ですから、展示会そのものが利用すべき「外部環境」なのです。付け加えるなら「展示会」まで人を連れてくるのは「展示会主催者」や「展示会事務局」の仕事ですから、それよりも「外部」の環境は直接的には気にする必要がありません。

3——ヒアリング

ここまで来るとぼんやりと仮説ができあがってきます。クライアントが望んでいるもの、参加者にウケそうなもの。しかしそれが正しいかどうかはわかりませんし、仮に正しくても、それが本当に効果的かはわかりません。そこで、それらを検証する意味でもヒアリングを行います。ヒアリングはオリエンテーションの主体となった「主幹部門」のメンバーのみではなく、イベントの利用者となる「営業部門」や「商品部門」にも行うと視点が多角的になります。

❶仮説をぶつけてみる

まずは「主幹部門」のメンバーに仮説を提示し、彼らの反応を観察します。この段階では、仮説はあくまでアイデアの一部に過ぎないため、遠慮せず提示してみることがポイントです。仮説が肯定されれば方向性が確認でき、否定されれば修正の余地が見つかります。

ヒアリング中は相手の表情や反応を観察し、仮説が相手の期待に合っているか、想定内の内容かどうかを判断します。例えば、反応が鈍い場合は期待に届いていない可能性があるので、視点を見直し、さらに深掘りすることが大切です。

❷利用者視点を加える

イベントは主幹部門が準備を進めますが、実際にイベントを「使う」のは、お客様を招待したりアテンドしたりする営業部門や展示商品の説明をする商品部門です。彼らの意見を取り入れることで、イベントの内容がより現場目線のものになり、企画の実効性が高まります。以下のように、役割ごとの視点を意識してヒアリングを行うと効果的です。

営業部門 営業部門は、顧客を招待したり、当日アテンドしたりする役割を担っています。顧客と直接接する営業からは、どのような内容やサービスが参加者にとって価値があるのか、現場で役立つ情報が得られます。例えば、参加者が関心を持ちそうなテーマや求める体験について意見を聞くと良いでしょう。

商品部門 商品部門は、商品やサービスを参加者に説明し、イベントを通じて商談につなげたり、フィードバックを得ることが目的です。彼らからは、展示や説明のためにどのような環境が効果的か、会場での展示運営に必要な設備や工夫についての要望が得られます。

4——企画

企画についてはここまでに「総合演出」と「プロジェクトマネジメント」の視点から詳しく書いてきました。ここではより実践的なテクニックに話を絞って紹介します。

❶アウトラインで考える

企画を進める際には、まずアウトラインで考えることが重要です。アウトラインで考えるとはロジックを軸にして考えるということです。私の場合はその言葉通り、パワーポイントのアウトライン表示機能を活用して、ロジックが成立しているかどうかを確認しながら企画を進めています。企画には「正解」はないかもしれませんが、ロジックの整合性が取れていない場合、それは「不正解」となり得ます。この不整合を避けるためにも、常にアウトラインで全体の論理のつながりを意識して進めることが大切です。

❷重要施策から考える

企画の全体を網羅的に考えるのではなく、まず重要な施策から優先的に考えることも効果的です。企画書やプレゼンテーションでは、この重要施策に重点を置くとインパクトを出せます。テクニックとして、「3つの重点施策」「5つの重点施策」「7つの重点施策」といった形で項目をまとめることで、伝わりやすい構成にすることができます。こうした施策の提案は、具体性があり、明確な方向性を提示できるため、説得力が増します。

❸時間軸（動線順）で整理する

重要施策を中心に構成を組んだ後、その他の細かい項目を網羅的にカバーすることも大切です。抜け漏れのない企画は、主催者やクライアントに安心感を与え、評価にもつながります。そのため、全体を再度「時間軸」や「動線順」に整理するのが効果的です。

時間軸を意識することで、イベントが「事前準備」「当日運営」「事後フォローアップ」といった順番に沿って進む流れを明確にできます。会場内であれば、参加者がたどる動線順に提案を構成することで、プレゼンの聴き手となるクライアントにとっても理解しやすい内容になります。

5——プレゼンテーション

イベント企画のプレゼンテーションは説明する量が多く、内容が多岐にわたるため、比較的難易度が高いと思います。同時に、エクスペリエンスプロデューサーはプレゼンテーションを演出する立場でもあるため、プレゼンテーションの巧拙が評価に影響することも事実です。そこで、以下に準備と本番の二段階に分けてテクニックを紹介します。

❶準備段階

プレゼンターがスライドを作成する

私はよく「プレゼンター権限」という言葉を使います。プレゼン用資料の最終的な編集権限をプレゼンターに持たせるということです。それほど他人がつくったスライドでは話しにくいものです。これは何よりも大切なコツです。

サマリーをつくる

「サマリーの美しさ」は、競合プレゼンの勝敗を左右する重要な要素です。わかりやすい企画であればあるほど、サマリーもシンプルかつ美しくまとめられます。A3サイズの1枚にプレゼンの流れとポイントを整理することで、ポイントが明確になり、プレゼンの流れも摑みやすくなります。

睡眠を十分に取る

「プレゼンテーションはパートナー選び」とはよく言われることですが、その割には、寝不足で顔色も悪く頭の回転が鈍い状態でプレゼンに臨む人は多いと思います。冷静に考えれば、そんな人たちをパートナーには選ばないですよね。ちなみに私の場合は、プレゼンの2日前までに企画書をアップして、前日はサマリーをつくる作業のみ（サマリーに合わせてプレゼン用スライドを修正することもある）にして睡眠を取るようにしています。

❷当日

余裕を持って臨む

当日は余裕を持って会場に到着しておきます。万一電車が遅れたり、準備物を忘れたりしてもリカバリーできるくらいの余裕を保ちたいので、1時間前でも早すぎるということはありません。欲しいのは時間的余裕ではなく、心理的余裕だからです。何もなければゆっくりカフェでくつろいでいれば良いだけです。

自分のスタイルを徹底する

可能な限り早く会場入りし、セッティングを行います。その際、自分のスタイルを貫くことが大切です。モニターの位置や立ち位置、パソコンの配置、クリッカーまで、自分が使い慣れた道具や配置でセッティングします。プレゼンツールも自分のものを使うことで、操作がスムーズになり、内容に集中しやすくなります。

緊張感とうまく付き合う

緊張しないようにするのは難しいと思います。それよりは緊張感を楽しむようにする方が簡単です。緊張感を高揚感だと捉えれば気持ちいいものです。ちょっとした発想の転換です。そのうちプレゼンテーションの高揚感が病みつきになって、進んで人前で話したくなると思います。

6――制作

制作についてもここまでに「総合演出」と「プロジェクトマネジメント」の視点から詳しく書いてきました。ここではより実践的なテクニックに話を絞って紹介します。

❶「わかりやすさ」が正義

「総合演出」を担当するということは、つくりあげていくプロセスにおいて何かの判断をして、それを制作者に伝え、主催者（クライアント）に伝えなければならないということです。理由が重要です。その際の基準になるのが「わかりやすさ」です。「わかりやすさ」にはある程度のセオリーがあります。「わかりやすさ」を常に物差しにしていれば、説得力のあるディレクションができます。

❷「約束を守る」ことが信頼

「プロジェクトマネジメント」においては、関係者のパフォーマンスが最大限に発揮できるようにしなければなりません。そのためには、お互いの信頼感が重要です。信頼感を築くためは「スケジュール」と「予算」など最低限守るべき「約束を守ること」が重要です。こちらが「約束を守る」ことで相手にも「約束を守る」ことを求めることができます。良い意味の緊張関係をつくることができます。

7――運営

運営についても、ここまでに「総合演出」と「プロジェクトマネジメント」の視点から詳しく書いてきました。ここではより実践的なテクニックに話を絞って紹介します。

❶顔と名前を覚える

イベントは「人が人と人でつくるもの」。これは私の持論です。「人が人と」までは普通のことです。ポイントは「人で」にあります。イベントは最後の成果物を構成するものが「人」だという意味です。イベントの成否は「人」で決まります。そういう意味を込めて控室には写真入りのメンバー表を掲出しています。お互いに顔と名前を覚えることでチームとしての一体感が生まれ、自然と「人でつくる」現場力が発揮されるようになります。

❷自分の目で見る

イベント当日は、現場を自分の目で確認するため、2万歩以上歩くことも珍しくありません。トランシーバー越しの指示だけでは、説得力も信頼感も欠けるため、参加者の動線に沿って歩きながらキャストやスタッフの接遇や、設営の不具合がないかを自ら確認するようにします。実際に自分で見ることで、状況をその場で判断でき、必要に応じて即座に改善策を講じることが可能になります。これが運営の安心感にもつながるのです。

❸笑顔を演出する

笑顔は伝染します。険しい表情も伝染します。表情については誤解されていることが多いのですが、クールな表情の方が良いイベントはほとんどありません。なぜなら参加者には笑顔になってもらった方が良いことが多いからです。また、笑顔は演出でつくることができません。だからこそ、バックヤードの環境やお弁当や差し入れを充実させることも重要です。スタッフがリラックスできる環境は、自然な笑顔と気持ちの良い接遇へとつながり、全体の雰囲気を明るくする効果があります。

8——報告会

報告会は、イベントの振り返りを行い、次回に向けた改善の糧とする大切な機会です。私は「反省会」という言葉は使わず、むしろ「報告会」として、次回の成功に向けた自主プレゼンの場と捉えています。以下に、イベント当日から報告会に向けての実践的なテクニックをご紹介します。

❶現場では反省しない

イベント会場で反省することはありません。会場での反省は後回しにし、改善できることは即座に対応することが重要です。何か不都合が見つかった場合、すぐに改善策を講じることで、その後の運営に影響を与えないようにします。たとえ設営に関わる問題でも、早めに対応を指示すれば翌朝には修正が完了する可能性が高まります。現場ではとにかく素早く対応し、スムーズな進行を優先します。

❷報告会は次回の提案に向けた予告編

報告会は、あくまでも次回に向けたプレゼンの場です。この場で報告する内容は「課題」であり、次回の提案の際に「解決策」が提示できるものにします。単に「問題」を指摘するのではなく、どのような「課題」がそこに潜んでいるのかを明確にし、次の企画に活かすためのヒントを引き出すようにします。報告会は次回の提案に向けた予告編です。

❸成果と効果の検証

報告会では、イベントの成果や施策の効果を検証し、その結果を次回の企画に活かせるようにします。具体的には、当初設定した成果指標に基づき、どの施策が効果的だったか、どこに改善の余地があるかを数値や具体的なデータに基づいて分析します。こうした成果と施策の評価は、次回の企画にとって重要な情報となり、次回の提案の説得力を高める材料にもなります。

column 3

「はかなさ」の美学

日本人の美意識には「はかないもの」を愛でる気持ちがあります。日本人が好きな「桜」が「散るからこそ美しい」などと言われるのは、その最たるものかもしれません。

イベント業界には「○○ブルー」という言葉があります。○○にはイベント名を入れて、長期のイベントが終わった後に抜け殻のように、放心状態になることを指します。私にとっては「モーターショー」がそうでした。「モーターショーブルー」です。

私は東京モーターショーだけでも10回以上経験していますが、毎回、搬入日から数えて約20日間の現場が終わり、昨日まで賑やかだったブースや控室が、がらんとした様子を眺めていると、何とも言えないはかなさを感じます。しかし、これは決して嫌なものではありません。むしろ、あの感覚をまた味わいたくなるものです。

やがて散るからこその美しさ。これもイベントの魅力の一つです。

おわりに

読者の皆さま、まずは最後まで読んでくださってありがとうございました。「エクスペリエンスプロデューサー」という仕事について、あるいは「総合演出家」や「プロジェクトマネージャー」という役割について、少しでも理解を深めていただき、それが今後の皆さまのお仕事や進路選択のお役に立てたなら幸いです。

お詫びと課題

本書は、「教科書」という名を冠していますが、すべてを網羅したものにはなりませんでした。企画から制作、運営までの流れを可能な限りわかりやすくお伝えしようとしたため、どうしても簡略化せざるを得ない部分がありました。また、エクスペリエンスプロデューサーという役割に焦点を絞っているため、クライアントの視点や、ディレクターやプランナー、デザイナーといった専門職の方々には少し視点の違いを感じられた部分もあったかもしれません。そう感じた皆さまにはお詫びを申し上げるとともに、今後の課題としてここに記しておきます。

経緯と感想

私は現在55歳です。定年まで残り5年となり、「次の世代に何かを遺したい」と思うようになりました。幸いにも社内研修や社外セミナーで話す機会が増え、自身の考えがまとまりつつありました。

本書の執筆の話をいただいた時には、これまで研修やセミナーで話したことをまとめるくらいのつもりでいましたが、そんなに簡単なものではありませんでした。しかし、内容はこれまで話してきたことからブレずに書けたかなと思います。

私はイベントプロデューサーになって良かったと本心から思っています。その理由として3つのメリットが挙げられます。

1つ目は、時間を有効に使うようになります。きっと現場や出張が不規則に入るためでしょう。自然と2か月先、2週間先のスケジュールを見ながら日々を過ごすようになります。結果として、自分の時間を大切にするようになります。

2つ目は、身体を大事にするようになります。本番に穴を空けないためです。普段から必ずマスクを着用するようになりますし、ランニングや筋トレをするようにもなるでしょう。自然と食べ物にも気を遣うようにもなります。

3つ目は、何でも楽しめるようになります。現場が多く、出張も多く、担当する業界やクライアントも幅広いからです。だから、必然的に良いことに目を向けるようになります。お弁当や差し入れや地方グルメを楽しみ、さまざまな業界や商品・サービスを楽しみ、さまざまな人々との出会いを楽しめるようになります。

皆さまにも是非、そんな楽しさを味わってほしいなと思います。

謝辞

私は30年のキャリアです。一年に平均して24本の現場があるとすると、30年間で実に７２０本の本番を経験してきたことになります。

まずは、私に７２０本もの貴重な機会を与えてくださったクライアントの皆さまと、同じく７２０本もの一期一会のパフォーマンスを一緒につくり上げてくれたキャスト、スタッフの皆さまに、心より感謝を申し上げたいと思います。

また、30年もの長きにわたりともに試行錯誤、切磋琢磨をしながら体験→経験を積み重ねてきた演出や運営や会場設営などの専門会社の皆さまや、同じく30年も一貫して、イベント・空間のプロデューサーとして私を起用し続けてくれた、博報堂及び博報堂プロダクツという会社にも、本当に感謝しています。

そして、今回このような執筆の機会を与えてくれ、辛抱強く見守ってくれた、博報堂プロダクツの広報部およびイベント・スペースプロモーション事業本部の皆さまと、何よりも、執筆について全くの素人であった私に、最後まで丁寧にお付き合いいただきました、宣伝会議の澤田昭義さまと篠崎日向子さまに、心より感謝を申し上げます。本当にありがとうございました。

中島康博（なかじま・やすひろ）

株式会社博報堂プロダクツ
イベント・スペースプロモーション事業本部
エグゼグティブ・エクスペリエンスプロデューサー

一橋大学社会学部卒業。1993年に博報堂に入社して以来、一貫してイベント/空間プロデュースの専門セクションに所属。販促イベント・企業催事（式典/発表会等）・展示会（パブリック/プライベート）からショールーム・店舗・商業施設まで、国内/海外・フィジカル/バーチャルを問わず幅広い業務を担当。マーケティング/ブランディング視点によるコンセプトメイクから、空間・演出・制作・運営までを統括する「総合クリエイティブディレクション型」業務を得意とする。2018年からは“イベントプロデューサーによるスポット型業務サービス”「Event-Produce.com」の代表を務め、2022年には構想段階から参画している“イベント用メタバース”「META-MESSE」をリリースするなど幅広く活動している。

エクスペリエンスプロデューサーが書いた
イベントの教科書
「体験」の「カタチ」をつくる超実践的思考法

発行日　2025年3月21日　初版第一刷発行

著者　中島康博
発行者　東彦弥
発行所　株式会社宣伝会議
〒107-8550 東京都港区南青山3-11-13
新青山東急ビル9階
TEL：03-3475-3010（代表）
URL：https://www.sendenkaigi.com
装丁　松田行正、倉橋弘（マツダオフィス）
印刷・製本　モリモト印刷

ISBN 978-4-88335-623-2